Claire Sanchez

JE SUIS UNE SLASHEUSE //

DUNOD

Responsable d'édition : Ronite Tubiana
Édition : Florian Boudinot
Direction artistique : Élisabeth Hébert
Fabrication : Laura Alberola
Photographie de couverture : © Lionel Antoni
Mise en pages : Soft Office

11 rue Paul Bert, 92240 Malakoff
www.dunod.com
ISBN 978-2-10-081748-1

SOMMAIRE

II
Dessinez une vie à votre image

III
Démarrez du bon pied

VICTOIRE

Je te présente France.

France, depuis toujours, est persuadée que sa voix ne compte pas. Si bien que petite on a toujours cru qu'elle était timide car elle ne s'exprimait pas beaucoup. Une jeune fille sage et réservée. Mais quand elle ouvrait la bouche, elle pouvait devenir taquine, drôle et faire le show. Mais toujours en retrait, dans l'intimité, avec un public bien sélectionné.

Sa voix ne comptait pas.

Elle en était convaincue. Alors elle n'était pas du genre à se battre en classe quand tout le monde lève la main. Elle tentait sa chance mais en vain.

Malgré cela, elle chantonnait à la récré pour les copains qui aimaient bien l'écouter ou les copines qui comme elle chantaient les airs de Disney.

Sa voix ne comptait pas.

Alors elle dessinait, elle nageait, elle écoutait. En silence bien sagement.

Et elle grandit. Avec ce mal au ventre qui lui collait à la peau. Sa voix ne comptait pas mais on l'observait. Enfant modèle qui incarnait la sagesse, une vie qui file droit et respire la maturité. Et même un peu trop, peut-être.

Rien ne dépassait.

Sa voix ne comptait pas.

Mais elle voulait quand même soutenir ses camarades. Quitte à être un rôle modèle, autant l'incarner. Elle devint déléguée. Puis élue au conseil général des jeunes. Pourtant persuadée que personne ne voterait.

Les tripes la broyaient. Elle en était malade. Pliée en deux chaque matin avant le départ.

Sa voix ne comptait pas. Mais un jour elle dut l'ouvrir, les mots guérirent, elle ne s'arrêta pas.

Aujourd'hui, France chante dans une chorale, écrit un livre et ose lever la voix.

Sa voie dorénavant comptera.

AVANT-PROPOS

Lorsque l'on souhaite se lancer dans l'entrepreneuriat et quitter une situation confortable, on peut trouver mille raisons de ne pas le faire. Votre entourage et les idées préconçues que l'on entend dans la plupart des bouches sont les premiers obstacles à franchir, mais ce sont vos propres freins qui vous bloqueront au final.

Les bouleversements de notre société, depuis l'avènement du travail des femmes, ont pour conséquence une perte des repères et une remise en question de l'ordre familial. Parmi les milliers de créations d'entreprises réalisées en France ces dernières années, seules 30 %[1] d'entre elles sont initiées par des femmes. Et de nombreux facteurs sont à l'origine de cette inégalité : l'autocensure, le plafond de verre, l'idéologie patriarcale du couple et de la répartition des rôles femme-homme, l'insécurité pour les familles monoparentales, la peur de la perte de salaire et de la stabilité d'un CDI, l'accès à un crédit pour devenir propriétaire… Les raisons de ne pas tenter sa chance sont nombreuses.

---

1 Source : www.infogreffe.fr/etude-infogreffe-les-femmes-et-l-entrepreneuriat-en-2019.

Deux événements ont été déterminants dans ma conception de l'avenir et notamment de ma carrière professionnelle.

13 novembre 2015. J'étais enceinte de 4 mois et j'allais me coucher quand je découvris ces images de l'horreur à la télévision : les attentats du Bataclan.

Je pleurais toutes les larmes de mon corps, envoyant frénétiquement des messages à tous mes proches. Je m'assurai, terrifiée, que mon entourage se trouvait en sécurité.

Le lendemain, je devais retourner travailler au cœur de la capitale, la peur au ventre de prendre les transports, mais avec la sensation qu'il fallait absolument que je sorte de mon cocon, sinon je ne pourrais plus jamais le faire.

Tout le monde au travail était comme un zombie et en même temps nous étions heureux de nous retrouver, vivants.

La semaine qui suivit, les images continuaient de circuler et un collègue eut le malheur de me montrer la vidéo d'une femme enceinte suspendue à une fenêtre du Bataclan et criant à l'aide. Cette femme aurait pu être moi. Et cela allait créer une fêlure si profonde qu'encore aujourd'hui je l'écris avec les larmes aux yeux.

Il y aura d'autres attaques et chacune m'a rappelé à quel point la vie est précieuse et qu'il ne faut pas perdre son temps à la gâcher car elle peut s'arrêter demain.

3 février 2017. Ce matin-là, j'arrivai en avance sur mon lieu de travail au Carrousel du Louvre, comme à mes habitudes, et j'assistai à la réunion du matin. Nous étions tous en train d'écouter l'intervention d'un collègue lorsqu'une forte détonation retentit.

Personnellement, je n'ai pas identifié sa nature, mais ma première vision fut celle des touristes à l'extérieur du magasin qui se mettaient à courir, et de mes collègues qui faisaient de même, paniqués. Nous avons couru jusqu'à un abri, dans lequel nous sommes restés confinés jusqu'à l'arrivée des policiers et des pompiers. Cela a duré une éternité, et le stress était insoutenable. Mes collègues avaient clairement reconnu des coups de feu, et nous avons reçu la consigne de ne pas faire de bruit, car nous ne savions pas si des personnes malveillantes pouvaient errer dans les couloirs et nous trouver cachés. Je vivais mon pire cauchemar. Une réplique de ce qu'avaient pu connaître les rescapés du Bataclan et des différents attentats survenus ces derniers mois. Nous essayions tous de rester forts mais nos larmes nous trahissaient. Vint la libération. Les autorités étaient encore en train de sécuriser les lieux donc nous n'avons pas eu l'autorisation de rentrer prendre nos affaires. Malgré cela, j'allais rentrer chez moi sans manteau ni argent pour récupérer mes filles à l'école. Je ressentis ce besoin irrépressible de rassembler ma famille, en sécurité à la maison, et de rester enfermée avec elle tout le week-end.

Mon retour au travail le lundi ne se fit pas sans encombre. Je tremblais déjà avant de rentrer dans le Carrousel du Louvre. Heureusement, une psychologue était présente pour nous accueillir et parler avec nous. Je rentrai dans mon magasin en larmes, ne pouvant les contenir et ressentant un sentiment d'insécurité incommensurable. J'allais rester un moment avec la thérapeute, qui me parla de syndrome post-traumatique, d'angoisses et de cauchemars.

J'allais connaître ces symptômes dans les semaines qui suivraient et il faudrait les soigner. Le décès de ma grand-mère et une grosse déception professionnelle s'ajoutant à cela, les mois suivants allaient être déterminants dans le changement de vie que j'allais opérer…

À la suite de ces événements traumatiques, j'ai décidé d'apprendre à mieux me connaître et surtout à définir mes besoins. Je ne me suis jamais imaginée devenir entrepreneure. Je n'avais pas ce type de profil autour de moi et je ne pensais surtout pas en avoir les capacités. Je ne possédais pas les qualités que l'on associe à un créateur d'entreprise. Je ne me sentais pas à la hauteur pour entreprendre…

… Parce que je suis mère

Je suis issue d'une famille de quatre enfants, avec un père militaire et une mère au foyer – j'ai connu une enfance que l'on peut qualifier d'ordonnée. J'ai eu pendant toute cette période l'image d'une mère sacrificielle, qui a mis sa vie de femme de côté pour se consacrer pleinement à sa famille. Et j'étais destinée à reproduire ce schéma : moi qui étais persuadée que je n'aurais pas d'enfant, je suis devenue mère à 22 ans. C'était un projet de vie réfléchi, identique à celui de mon enfance, avec un homme qui travaillait à son compte dans la restauration. J'avais une situation confortable avec le privilège de ne pas me préoccuper de gagner de l'argent et pouvoir voir grandir ma fille. Que demander de plus ?

L'arrivée de ma seconde fille n'a fait que renforcer le sentiment que j'avais de devoir être plus : plus qu'une mère, je devais être l'incarnation d'une femme qui s'assume. C'est mon héritage que je construis aujourd'hui, l'image que je transmets à mes filles de ce que peut être la vie d'une femme : accomplie et épanouie. Je me dois de leur partager ce en quoi je crois et de leur montrer de quoi je suis capable. Je me dois de leur démontrer qu'à force de volonté et de travail, les projets les plus fous peuvent être réalisés. C'est à moi de leur montrer l'exemple, un exemple de courage, d'audace et de respect de soi. Si je ne suis pas leur premier guide par mes choix de vie, qui le sera ?

... Parce que je suis une femme

J'ai grandi avec l'idée qu'une femme n'est pas faite pour être un leader, ne doit pas être égocentrique et ne peut pas sortir d'un schéma tout tracé. C'est la société qui me l'a inculquée : des sports « réservés aux hommes », des métiers qui ne m'étaient pas destinés, des inégalités salariales avérées, des postes à responsabilités très genrés. Comment ne pas le penser ?

Malgré cela, je suis unique et indépendante, autonome et affranchie, rebelle et insoumise. J'ai la chance d'appartenir à un siècle durant lequel la femme s'est émancipée, libérée de ses chaînes. Nous sommes la transition entre deux générations dont la vision et les contraintes sont parfois diamétralement opposées : nos mères qui ont connu 68 et la démocratisation du travail des femmes ; nos filles qui héritent de ce droit à la liberté, et avec un combat qui n'est pas encore achevé. Je subis encore les séquelles de ce passé, qui inlassablement chaque jour tente de nous emprisonner. La naissance de ma première fille me l'a renvoyé au visage : je devais exister pour être la meilleure version de moi-même et pouvoir un jour l'aider à se trouver.

... Parce que je n'ai pas confiance en moi

Malgré un parcours scolaire sans encombre, j'ai cette tendance à me dévaloriser et à sous-estimer mes capacités. J'ai pourtant réussi les études d'arts appliqués dont je rêvais, intégré l'école supérieure que j'idéalisais. Mais la rencontre d'un enseignant malveillant lorsque j'étais en BTS, pour qui l'enseignement devait être une expérience destructrice, m'a annihilée. J'ai obtenu mon diplôme, mais j'avais perdu mon âme.

J'ai alors tout fait pour me persuader que je n'étais pas à la hauteur : j'ai choisi un travail alimentaire dans la restauration et j'ai abandonné tout espoir de devenir un jour graphiste.

Pourtant, je considère aujourd'hui que mon manque de confiance a été une chance : cela m'a permis de prendre des risques, car je n'avais rien à perdre. J'ai du coup cette soif d'apprendre pour monter en compétences et cette volonté de toujours faire mieux, d'aller toujours plus loin.

... Parce que je suis perfectionniste

Durant toute mon enfance, ma vie a été rythmée par mes journées de bonne élève, en compétition permanente avec mes amis d'école, et mes entraînements de natation.

Je suis depuis toujours une compétitrice, très exigeante envers moi-même, ce qui me conduit souvent à ne pas aller jusqu'au bout des choses, de peur qu'elles ne soient pas à la hauteur de mes attentes. Néanmoins, cet aspect de ma personnalité me pousse à remettre sans cesse mes actions en question pour m'améliorer. J'ai donc appris à me jeter à l'eau avant que mon idée ne soit « parfaite », mais en gardant en ligne de mire cet objectif de la faire évoluer.

L'idée de ce livre a émergé le dernier jour de tournage d'un documentaire sur l'évolution du monde du travail auquel je participais. Je m'étais lancée dans l'aventure du slashing quelques mois plus tôt, et ce soir-là, le co-réalisateur allait prononcer les mots à l'origine de ce nouveau projet : « ta voix compte ! ». Inconsciemment, il venait de faire émerger en moi la confiance nécessaire pour partager mon parcours de cette année, car elle avait été riche en changements et en découvertes.

Au fil de cet ouvrage, j'explique pourquoi il est essentiel de mieux se connaître, surtout après un burn-out, afin de trouver sa place dans le monde du travail. J'évoque aussi la quête de sens, la reconversion professionnelle et le fait d'être multipotentiel.

Je vais vous parler de vous et de votre « moi » profond : vos sentiments, mais aussi les différents rôles que vous jouez en tant qu'individu, parent et professionnel, car gérer tous ces aspects de votre vie et trouver son équilibre ne sont pas choses aisées.

Je vais vous livrer les clés de mes succès : comment faire en sorte de réussir sa vie professionnelle, surtout lorsque l'on a plusieurs métiers, sans perdre de vue ses besoins profonds et sa vie personnelle.

Ce que je veux vous partager dans ce livre, c'est la nécessité de définir ses peurs, afin de les surmonter et de se lancer dans les meilleures conditions. Mon nouveau mode de vie ne prétend pas pouvoir s'appliquer à tous. Mais le fait de vous le faire découvrir aidera peut-être certains à dépasser leurs propres freins.

J'ai été confrontée plusieurs fois à des personnes m'accusant de contribuer à l'ubérisation d'un nouveau mode de travail, réduisant les travailleurs à la précarisation. Je ne suis pas d'accord et je pense que ma situation est nettement préférable à celle des salariés de certaines entreprises. Je préfère donc devancer les critiques que ce livre pourrait voir naître. Je ne valide en rien le fait d'exploiter des gens pour des salaires de misère, avec des horaires variables et imposés et des contrats précaires. Je souhaite seulement vous dévoiler une vie, en dehors des sentiers battus et des carcans que veut nous imposer la société, en étant femme, mère, libre de ses choix et de sa vie professionnelle.

J'ai donc imaginé ce manuscrit à mi-chemin entre le témoignage et le livre de développement personnel. Ne vous parler que de moi aurait été un tantinet mégalomane et ne vous aurait pas forcément permis d'exploiter les leçons que j'ai tirées de ce changement de vie. Je vous propose donc d'associer des méthodes que j'ai empruntées à d'autres à des astuces et conseils personnels, illustrés par mes expériences de vie durant cette première année en tant que slasheuse.

Le but n'est donc pas de vous parler de moi, de ma vie, de mon œuvre, mais de vous démontrer par le biais de mon expérience que cela est possible, et qu'il suffit de vous lancer.

Attention, je ne vous dis pas de le faire sans réfléchir du jour au lendemain, mais en ayant bien étudié la question et pris en compte tous les paramètres de votre vie qui seront impactés. D'ailleurs, je ne pense pas que l'entrepreneuriat en général et le slash en particulier soient faits pour tous les profils.

Ce livre vous aidera donc à mieux évaluer vos besoins et à prendre conscience de tous les changements à opérer dans votre quotidien.

Ainsi, si vous cherchez un livre pour vous rassurer sans idéaliser le monde de l'entrepreneuriat, vous serez servis. Vous désirez vous lancer et avoir conscience de ce qui vous attend ? Je vous livre quelques pistes pour éviter les pièges et concilier vie professionnelle et vie personnelle. Enfin, si vous voulez construire un mode de travail qui vous est propre, hors des carcans d'une société qui sacralise le CDI, ce livre vous est tout destiné.

I

ACCEPTEZ QUI VOUS ÊTES //

Un changement de vie ne s'opère pas sans raison valable et surtout sans avoir procédé à une analyse plus approfondie de qui l'on est. C'est souvent une étape incontournable à franchir lorsque survient le mal-être, afin de cerner les problèmes et trouver les bonnes réponses.

1

SURMONTER LE BURN-OUT //

> *« En tant que psychanalyste et praticien, je me suis rendu compte que les gens sont parfois victimes d'incendie, tout comme les immeubles. Sous la tension produite par la vie dans notre monde complexe, leurs ressources internes en viennent à se consumer comme sous l'action des flammes, ne laissant qu'un vide immense à l'intérieur, même si l'enveloppe externe semble plus ou moins intacte. »*
>
> Herbert J. FREUDENBERGER

Ce qui m'a séduit tout de suite lorsque je suis arrivée chez Apple, c'est que l'on voyait grand pour moi sans que j'ose le faire moi-même. On m'offrait un terrain de jeu immense, fait de découvertes et d'expérimentations, dans un métier pour lequel je n'aurais jamais imaginé être faite : la formation.

Au bout de sept ans chez Apple, je me suis rendu compte que j'avais rencontré une nouvelle famille. Les collègues sont devenus des amis, l'un d'entre eux deviendra même plus tard le père de ma deuxième fille.

Mais la routine du quotidien, les horaires décalés et irréguliers ont fini par ternir ce monde idyllique dans lequel j'évoluais.

Pas de harcèlement au travail, pas de conditions déplorables, seulement un manque de perspective et une route morne qui semblait toute tracée.

Je passais à côté de ma vie depuis plusieurs années maintenant, avec la sensation de nager dans le sens du courant sans jamais faire un mouvement pour changer de trajectoire. Je voyais ma première fille grandir de loin sans pouvoir pleinement partager les moments essentiels de son enfance, faute de temps. La promesse d'une évolution en tant que manager m'encourageait à continuer dans cette direction. Mais la mort d'un proche – pour ma part ma grand-mère maternelle soudainement décédée – nous met face à cette notion de temps qui passe et nous amène à revoir nos priorités. Quelques jours seulement après son décès, on m'annonça que la promotion tant attendue n'était plus d'actualité.

Cette annonce faite par mon manager avant l'ouverture du magasin me frappa en plein visage : plus de possibilité d'évolution et retour au point de départ.

Voyant mon espoir douché sans explication ni logique, j'explosai. J'eus l'impression que l'on me reprochait mon congé parental, puisqu'à cette période je travaillais à 80 % pour m'occuper de mes filles, et que l'on me demandait donc de choisir entre ma vie de famille et mon avenir professionnel.

Puis, dans les jours qui ont suivi, je fis ma première crise d'angoisse.

Chaque jour, je me réveillais avec l'impression d'avoir la tête dans le brouillard, une lassitude grandissante de ma vie et cette sensation, devenue si familière, de ne pas savoir pourquoi je me levais le matin. Mais mon éducation m'obligeait à continuer, à me lever et préparer mes enfants pour l'école, avant de partir au travail.

Il arrive un moment où le quotidien, ce cadre rassurant du familier, est entaché par cette lassitude. Ce jour-là, dans le bus, en allant au travail, je craquai. Les attentats, l'attaque du Louvre, le décès de ma grand-mère et dernièrement cette déception d'une évolution professionnelle qui ne se réaliserait pas représentèrent la goutte d'eau qui fait déborder le vase.

Je me mis à respirer avec difficulté et je me suis sentie oppressée. J'étais comme tétanisée et terrorisée. Il fallait absolument que je rentre à la maison, que je m'enferme et que je n'en ressorte plus jamais.

C'était mon corps qui se manifestait pour me dire stop. J'aurais dû comprendre que mes nombreuses maladies bénignes et mes lombalgies à répétition étaient des sonnettes d'alarme pour me faire entendre que quelque chose clochait. C'est mon médecin généraliste qui posa le diagnostic : j'étais en burn-out.

Burn-out

Le syndrome d'épuisement professionnel est évoqué pour la première fois par l'universitaire Loretta Bradley en 1969. Il résulte d'un stress chronique dans le cadre professionnel, et entraîne le désengagement du travailleur en raison d'une extrême fatigue, d'un sentiment d'échec et d'inutilité.

Il m'orienta chez une psychologue qui utilisait une méthode encore peu connue du grand public, mais qui avait été employée après les attentats de 2015 pour aider de nombreuses victimes : l'EMDR.

Je n'étais jamais allée voir un psychologue, même si par le passé j'en avais ressenti le besoin. J'ai grandi dans un environnement dans lequel l'expression d'un mal-être est difficile, donc cette démarche me demandait déjà de prendre sur moi. Mes biais psychologiques opposés à une telle pratique n'arrangeaient pas les choses, mon précepte habituel étant plutôt « sois forte et avance ». Cette fois-ci, la situation était différente et il fallait tester de nouvelles méthodes pour guérir.

La méthode EMDR

La méthode EMDR, *Eye Movement Desensitization et Reprocessing*, signifie littéralement « désensibilisation et retraitement par mouvement des yeux ». C'est un type d'intervention à visée psychothérapeutique mis au point par Francine Shapiro à partir de 1987. Cette thérapie est notamment utilisée dans le traitement du stress post-traumatique. La particularité de l'EMDR réside dans la stimulation sensorielle généralement appliquée sous une forme bilatérale alternée et le plus souvent par le biais des mouvements oculaires. Cette technique a, au départ, été efficacement utilisée pour aider les GI américains à récupérer des traumatismes de la guerre au Vietnam. Elle donne aussi de bons résultats quand il s'agit de faire émerger puis chasser ces émotions qui vous bloquent.

Cet état dépressif dura un peu plus de deux mois, pendant lesquels j'alternais entre séances chez la psychologue et lecture d'ouvrages sur le développement personnel.

C'est à cette période que j'ai commencé à lire beaucoup. Le premier livre « coup de poing » qui me délivra de ma frustration et de ma culpabilité accumulée ces derniers mois fut le best-seller de Raphaëlle Giordano : *Ta deuxième vie commence quand tu comprends que tu n'en as qu'une*[1].

L'un de ses points forts est qu'il est simple à lire, comme un roman de vacances que l'on amène sur la plage, tout en abordant des techniques de développement personnel subtilement intégrées au récit. Il m'a donné les clés dont j'avais besoin pour sortir du brouillard dépressif dans lequel je me trouvais, telles que le fait d'arrêter de nourrir ses croyances limitantes ou encore le pouvoir de la pensée et des attitudes positives.

Je me sentais comme libérée et prête à me plonger dans de nouveaux sujets avec une soif de découverte que je n'avais pas ressentie depuis longtemps.

---

1 Éditions Eyrolles, 2015.

2

RECHERCHER DU SENS //

« La vie est une mission, pas une carrière. »

Stephen R. Covey

La quête de sens est une notion que l'on entend souvent lorsque l'on s'intéresse à ces nouvelles approches du monde du travail.

En 2013, l'anthropologue David Graeber écrivait sa tribune « Du phénomène des jobs à la con »[1]. Il en fit même un livre, *Bullshit jobs*[2], dans lequel il explique que la révolution technologique a aussi eu comme impact de générer de nouveaux métiers superficiels et sans réel but pour la société.

Plus tôt en 2006, Estelle M. Morin, professeur à HEC Montréal, avait assimilé le travail à « une activité par laquelle une personne se définit, s'insère dans le monde, actualise son potentiel, et crée de la valeur, ce qui lui donne, en retour, le sentiment d'accomplissement et d'efficacité personnelle, voire peut-être un sens à sa vie ».

---

1 *On the Phenomenon of Bullshit Jobs*, *Strike! Magazine*, août 2013.

2 Éditions Les Liens qui libèrent, 2018.

Pour elle il existe trois critères : « La signification du travail, [sa] valeur aux yeux du sujet et la définition ou la représentation qu'il en a ; la direction, l'orientation du sujet dans son travail, ce qu'il recherche dans le travail et les desseins qui guident ses actions ; l'effet de cohérence entre le sujet et le travail qu'il accomplit, entre ses attentes, ses valeurs et les gestes qu'il pose quotidiennement dans le milieu de travail. »

On peut donc distinguer deux types de travailleurs : ceux que j'appelle « les pragmatiques », qui voient le travail comme un moyen de financer leur vie à côté, et d'autres, « les passionnés », qui ont un véritable besoin de sens et d'utilité dans leur travail. Ainsi, lorsque ces deux mondes se rencontrent, ils ne se comprennent pas. Il peut être tentant de donner raison aux travailleurs du gagne-pain, car ils ont un raisonnement pragmatique : « j'ai des factures à payer et je peux le faire avec cet emploi ». Mais pour moi comme pour de nombreuses personnes, cette façon de penser a ses limites.

Pourquoi devrais-je continuer à me lever le matin ? Pourquoi sacrifier ma vie de famille pour un travail dans lequel je ne voyais plus de perspective d'évolution ou de développement ?

Tous ces doutes me poussaient à me demander si le fait de continuer sur cette voie toute tracée chez Apple me convenait, ou s'il fallait changer radicalement de mode de vie.

Pour répondre à ces interrogations, il fallait donc que j'en parle avec des personnes qui me comprendraient…

Signe du destin ou simple hasard, j'allais entendre parler d'une start-up qui proposait un programme de six semaines, durant lequel j'allais pouvoir repenser mes besoins et ma voie professionnelle. Le programme avait la particularité de se faire en collectif et pouvait se combiner à mon travail puisqu'il avait lieu le soir et le samedi. Même si j'avais quelques économies, ma famille m'aida à financer cette formation. C'est ainsi que pendant six semaines, je fis des exercices d'introspection et de recherches sur mes besoins profonds, afin de mieux me connaître et définir la route que j'allais prendre pour la suite. À travers tous ces exercices, j'ai découvert que j'étais :

– une ENFJ[1] : *extraversion, intuition, feeling, judgment* (extraversion, intuition, sentiment, jugement) ;
– une PITTA[2] : passionnée, déterminée, méthodique, dominante, agressive, fière, sanguine, avec un besoin d'autonomie et de prise de décisions très marqué.

Et bien d'autres choses…

À présent, j'avais une idée beaucoup plus nette de qui j'étais. J'étais consciente de mes capacités et de mes atouts, mais aussi de mes faiblesses. Ainsi, j'allais pouvoir avancer.

Dès la deuxième session de mon accompagnement, je savais que je ne voulais plus travailler pour Apple. J'avais compris que ma carrière là-bas était finie. J'allais me lancer dans la cuisine.

---

1 Résultat obtenu lors du test MBTI. Voir dans la Boîte à outils, en fin d'ouvrage.
2 Résultat obtenu lors du test Ayurvédique. Voir dans la Boîte à outils.

L'énergie du groupe et le travail en binôme me donnaient des ailes. Les exercices mettaient en exergue mon besoin fort en autonomie et en prise de décisions. Je découvrais que le problème n'était pas mon job actuel, mais plutôt le cadre dans lequel je l'exerçais et qui ne me convenait plus, en particulier mon statut de salarié. En effet, je sentais depuis un moment que j'avais besoin de prendre mon envol, de gagner en indépendance, notamment depuis ma mission de responsable de formation dans mon magasin, qui m'avait fait découvrir l'autonomie dans le travail. Il fallait donc que je fasse évoluer mon environnement, non pas en changeant d'entreprise, mais en créant mon propre cadre.

À la fin du programme, j'étais prête à assumer mes différentes envies : j'allais devenir une slasheuse en montant deux entreprises : la première de formation spécialisée sur les produits Apple, l'autre de traiteur-cheffe à domicile.

Slasheur

Le slasheur est un travailleur nouvelle génération qui cumule les activités professionnelles non par nécessité mais par volonté de s'épanouir dans différents domaines ou compétences. Ce phénomène n'est pas nouveau, puisqu'il est assez courant, notamment dans le milieu artistique, de croiser des slasheurs, mais il a la particularité aujourd'hui d'être assumé ou revendiqué. Le slasheur peut avoir des professions dans des secteurs très différents.

Le projet était donc énoncé. Cependant, j'avais terriblement peur de ne pas être à la hauteur et de commettre la pire bêtise de ma vie. Heureusement, cette petite voix dans mon for intérieur me poussait à me jeter à l'eau. Je voulais travailler en sachant pourquoi je me levais le matin.

3

ENVISAGER UNE RECONVERSION PROFESSIONNELLE //

« Choisissez un travail que vous aimez et vous n'aurez plus à travailler un seul jour de votre vie. »

CONFUCIUS

Changer de vie professionnelle du tout au tout n'est pas un acte anodin. Que l'on soit célibataire, en couple sans enfant ou responsable de famille, on remet souvent en question de longues années d'études et l'on envoie valser quelques lignes de son curriculum vitae.

Le choix est donc cornélien et engage souvent à reprendre des études et à accepter le fait de repartir de zéro. Le risque est grand, surtout quand la réorientation se fait dans un secteur d'activité potentiellement moins facile d'accès ou avec une perte de salaire à prévoir.

Il faut dans ces cas-là prendre en considération sa baisse de niveau de vie, et choisir ce que l'on va devoir sacrifier. Cela peut engendrer des modifications drastiques de son mode de vie, comme un déménagement ou l'arrêt d'activités de loisirs. C'est bien souvent là que le bât blesse : est-on capable d'abandonner son train de vie pour se diriger vers l'inconnu ?

Pour ma part, cette décision de changer de vie n'était pas sortie du chapeau du jour au lendemain. Il résulte d'une longue réflexion et remise en question des années avant de passer à l'acte. Ma passion pour la cuisine a démarré à la naissance de ma première fille il y a douze ans. J'ai eu le sentiment à partir de ce moment que la cuisine devait prendre une plus grande place dans ma vie, professionnelle notamment.

Que faire donc de cette passion qui grandissait en moi depuis tout ce temps ? La cuisine me revenait inlassablement à l'esprit tout au long de mon parcours professionnel, et c'est une ultime déception au travail qui me poussa à sauter le pas. C'était le bon moment pour tenter ma chance, du moins me former dans le secteur d'activité qui me faisait tant rêver : devenir cheffe de cuisine.

Je me renseignai donc pour savoir comment réaliser ce doux rêve malgré les doutes qui me taraudaient : c'est que… j'étais une mère célibataire !

Comment allais-je faire pour gérer ?! Je ne pouvais pas quitter mon boulot ! Et le milieu de la restauration est impitoyable pour une mère qui doit gérer seule sa fille une semaine sur deux !

Comment allais-je pouvoir faire ?

Une nounou coûtait cher. Il fallait en plus en trouver une qui accepterait les horaires décalés… Je travaillerais encore le week-end et cela n'arrangeait en rien mon organisation familiale et le temps sacrifié auprès de ma fille.

Dernier point et non des moindres, la perte de salaire était conséquente. Le jeu en valait-il la chandelle ?

Autant de réalités qui me faisaient penser que ce projet était mort-né.

Heureusement, mon nouveau compagnon était là pour me donner le coup de pied aux fesses dont j'avais besoin. Et l'État français allait me fournir la clé de mon problème par le biais du Fongecif[1].

Fongecif

Le Fongecif, ou Fonds de gestion des congés individuels de formation, est un organisme collecteur, en charge du financement des congés individuels de formation (CIF), des congés bilan de compétence (CBC) et des congés validation des acquis d'expérience (VAE) dans le cadre de la formation continue.

Il en existe dix-sept en France, financés par les entreprises grâce à la contribution de formation pour leurs employés.

Magnifique opportunité pour moi de demander un congé de formation, sans perdre mon emploi et qui financerait en partie mon salaire et le coût de la formation. Formidable France !

[1] Aujourd'hui on le retrouve sous le nom de projet de transition professionnelle dans les organismes d'État appelés Transitions Pro.

Mon projet fut accepté : je serais rémunérée à plus de 99 % de mon salaire pendant ma formation et les 2/3 du prix de l'école étaient payés.

Les huit prochains mois seraient donc sous le signe du retour sur les bancs de l'école. Je redevins une élève à 28 ans passés et non sans difficulté. Apprendre devient plus difficile avec les années, il faut l'avouer, car on doit désapprendre ses habitudes pour en acquérir de nouvelles.

Et puis mon stage en entreprise dans un restaurant 3 étoiles n'allait pas être un long fleuve tranquille.

Comment en vouloir à mon chef ou à mes collègues qui avaient l'habitude de gérer des jeunes apprentis de 16 ans… Je n'avais pas les mêmes besoins et une soif de comprendre peut-être plus grande. J'allais donc devoir changer de stage après deux mois d'émerveillement mais aussi d'ennui.

La suite de ma formation m'a surtout montré ce que je ne voulais pas vivre et faire : avoir un rythme de restauration qui allait faire voler en éclats ma fragile vie de famille et surtout ne m'apporterait pas l'indépendance dont j'avais désespérément besoin.

J'obtins donc mon CAP avec de bonnes notes, mais avec des expériences professionnelles qui n'allaient pas faire aboutir le projet de food truck que j'avais envisagé au départ. J'allais retrouver mon poste de formatrice chez Apple en attendant que l'idée mûrisse.

La reconversion professionnelle n'est pas forcément un acte brutal, qui vous pousse à tout quitter du jour au lendemain. Il existe des solutions pour la faire en douceur en parallèle de votre emploi, avec les diplômes à distance ou en cours du soir par exemple, ou comme moi en marquant une pause professionnelle.

Pour la faire en parallèle de votre travail, il faut prendre en considération le facteur fatigue, mais ce n'est pas impossible. J'ai plusieurs exemples autour de moi qui ont ainsi réussi leur reconversion, mais cela demande beaucoup de volonté et d'organisation.

Par ailleurs, obtenir un nouveau diplôme ou une nouvelle compétence ne vous oblige en rien à passer à l'acte tout de suite après. Votre projet a parfois besoin comme moi de temps pour devenir plus clair dans votre esprit. Il s'est passé quatre années entre mon CAP et ma décision de tout plaquer. La pression sociale de votre entourage est parfois lourde à porter mais le plus important est de vous écouter. Vous seul saurez quand vous serez prêt à vous lancer.

4

IDENTIFIER SES PEURS ET LES SURMONTER //

« J'ai appris que le manque de confiance en soi peut être dissipé, et comblé. »

Perla SERVAN-SCHREIBER

Le syndrome de l'imposteur

Ce terme est employé pour la première fois en 1978 par les psychologues cliniciennes américaines Pauline Rose Clance et Suzanne A. Imes. D'après leurs recherches, cette expérience masochiste sapant les mécanismes narcissiques polluerait l'existence de 70 % de la population, qui connaîtrait ces doutes à un moment donné dans leur vie.

Syndrome de l'imposteur

Les personnes atteintes du syndrome de l'imposteur, aussi appelé syndrome de l'autodidacte, sont sujettes aux doutes systématiques sur le bien-fondé de leur valeur au travail et de leur implication dans un succès. Ces nombreuses remises en question viennent interroger la légitimité à parler d'un sujet ou tout simplement à incarner un rôle pour lequel elles ne se sentent généralement pas à la hauteur. Si elles réussissent, cela est forcément dû à un événement extérieur ou à une autre personne, mais sûrement pas grâce à leurs compétences personnelles.

Oh, qu'il revient souvent ce joli phénomène chez moi mais aussi chez les autres ! C'est le père spirituel du doute, le frère de la procrastination et le mari de la remise en question.

Ainsi, je venais à penser :

« Pourquoi mes clients viendraient me voir plus qu'un autre ? »

« Pourquoi les gens paieraient pour manger ce que je cuisine ? »

« Je n'ai pas les diplômes nécessaires pour assumer toutes les tâches d'un entrepreneur. »

« Je n'ai pas le réseau nécessaire pour me faire connaître. »

Autant de pensées négatives que vous avez déjà pu entendre ou que vous vous inventez vous-même.

Pourquoi ? Parce la société vous dit que pour réussir il faut avoir un diplôme et que ce diplôme vous donne droit à une carrière.

Dans cette logique, faut-il complètement renier ou dénigrer toutes les personnes autodidactes ?

Ce qui est troublant, c'est que je ressens ce syndrome de manière différente sur mes deux activités. Pour mon statut de formatrice, j'ai appris un métier pendant huit ans sans avoir pour autant passé de diplôme, de VAE ou de certification. Pourquoi n'aurais-je pas droit aujourd'hui de prétendre à cette étiquette? Car il ne s'agit que de cela, une étiquette.

Lorsque j'ai appris qu'il me fallait un numéro d'agrément en tant que formatrice indépendante, tous mes doutes sont remontés à la surface. Ce numéro me donnait droit à ce statut de formatrice et me permettrait de pratiquer cette activité. On me demandait de justifier le fait que j'ai la capacité à former des personnes en informatique et en productivité. Il fallait que j'envoie donc des justificatifs tel que mon curriculum vitae pour expliquer le fait de me lancer dans cette activité.

Alors, oui, je n'avais pas reçu de formation sur le sujet, je n'étais pas allée sur les bancs de l'école pour me former aux techniques pédagogiques, mais j'avais travaillé pendant huit ans pour une grande société qui avait validé ces compétences pour moi.

En tant que traiteur, le problème venait plus de mon manque d'expérience professionnelle en cuisine. En effet, en dehors des heures passées durant mon CAP et mes différents stages, je ne pouvais prétendre avoir vécu des années entières derrière les fourneaux.

« Comment puis-je vouloir porter la casquette de cheffe, dans ma propre structure ? »

« Ce n'est pas parce que je fais à manger depuis des années à ma famille et mes amis que cela m'autorise à me lancer ! »

« J'ai passé mon CAP Cuisine il y a quatre ans, suffit-il pour se lancer ? »

« Je n'ai pas côtoyé de chefs qui m'ont transmis leurs expériences, leur savoir-faire. »

« Je n'ai pas fait partie plus de quelques mois d'une brigade dans un restaurant. »

« Et quant à ma qualité de traiteur végétarien, je n'ai jamais travaillé pour une entreprise dont c'était la spécialité. »

Autant d'arguments que mon vilain petit diablotin me soufflait à l'oreille, et que d'autres pourraient penser ou exprimer.

Alors oui, c'est vrai, je n'avais pas beaucoup d'expérience dans une cuisine professionnelle, mais j'avais beaucoup de connaissances théoriques et pratiques tirées de ma vie quotidienne, car j'ai toujours aimé cuisiner et créer.

Ce qui m'a aidé à aller de l'avant, c'est ma collaboration avec une entreprise recrutant des femmes traiteurs débutantes. Elle a été une force dans l'acquisition et la validation de ces connaissances. J'avais quelqu'un par-dessus mon épaule pour vérifier que mes pratiques étaient bonnes.

Et puis comme le proverbe le dit : « qui ne tente rien n'a rien » ! Alors si je ne pratiquais pas et si je ne me lançais pas, personne ne le ferait à ma place.

Mes premières prestations ont été dures à réaliser, il a fallu un travail de titan sur moi-même et mes pensées autodestructrices pour aller jusqu'au bout du chemin. Dépasser les doutes et faire en sorte de gagner en confiance pour mener à bien la mission.

Alors la seule méthode que j'ai trouvée pour lutter contre cette saleté de syndrome de l'imposteur est de faire les choses. Je fonctionne par apprentissage empirique, sans prétention et en toute humilité. Je fais des tests et je corrige lorsque cela s'avère nécessaire, avec la promesse faite à mes clients de toujours faire de mon mieux.

L'atychiphobie

Le problème avec le syndrome de l'imposteur, c'est qu'il pousse la plupart du temps à se dévaloriser, à tel point que l'on ne se sent pas ou plus capable d'exercer une activité ou une tâche.

L'imposteur en fait donc dix fois trop ou au contraire ne fait rien du tout, techniques lui permettant de se préparer à la déception, et par corrélation à l'échec.

L'atychiphobie

L'atychiphobie, ou peur de l'échec, se caractérise par une incapacité des personnes qui en sont atteintes à agir de peur de mal faire. Au-delà d'une forme de perfectionnisme, cette phobie paralyse à l'excès, annihilant toute volonté d'action.

Son étymologie dérivée du grec *phóbos*, la peur, et *atyches*, signifiant malchanceux, induit l'idée que les phobiques de l'échec seraient les victimes d'un destin tragique, qui les pousse à ne connaître que l'échec.

Le soi-disant imposteur décide donc ne pas prendre de risques. Et surtout celui d'échouer, car il ne s'agit que de cela : notre rapport à l'échec.

Charles Pépin le décrit très bien dans son livre *Les vertus de l'échec*[1]. Malheureusement, ni la société ni l'école ne nous apprennent que l'échec est bénéfique. Néanmoins, ce concept n'est pas du tout envisagé de la même manière de l'autre côté de l'Atlantique : les Américains considèrent que l'échec est une épreuve incontournable et positive.

Aujourd'hui, avec le recul, je réalise que tous mes échecs m'ont servie. Si je n'avais pas arrêté Sport études Natation au collège, je n'aurais pas fait mes études d'Arts appliqués, ce qui a sûrement été une des meilleures parties de ma vie.

Si j'avais réussi mes concours dans des écoles de photo, je n'aurais jamais rencontré le père de ma première fille et elle n'existerait pas.

Si je ne m'étais pas séparée avec lui, je n'aurais jamais pris le risque de postuler chez Apple.

Si je n'avais pas ressenti de la frustration dans mon job, je n'aurais jamais passé mon CAP Cuisine.

Si j'avais réussi à devenir manager, je ne serais pas en train de créer ma vie de rêve.

Si j'avais gardé le premier nom de mon entreprise de formation, je n'aurais pas cherché à diversifier mon activité.

---

1 Allary Éditions, 2016.

La clé du succès ici est de concevoir l'erreur comme constructif et que le seul moyen de surpasser ses peurs est de tenter sa chance coûte que coûte.

Les peurs des autres

Une des principales difficultés que l'on rencontre quand on veut changer de vie ou se lancer dans un projet entrepreneurial, c'est justement le regard d'autrui.

Une erreur qui est souvent commise est de ne parler à personne de son idée, par crainte de recevoir des réflexions négatives ou de se la faire voler. L'échange permet au contraire de la faire évoluer et donc de l'améliorer.

Ne prenez pas pour argent comptant les peurs des autres et notamment celles de vos proches. Entendez-les, acceptez-les et dites-leur quel impact cela a sur vous. Car si vous êtes déjà en manque de confiance, cela peut vous conduire à abandonner vos projets. Quelqu'un qui n'a jamais été entrepreneur ne peut pas forcément appréhender toutes ces problématiques, ou au contraire celui qui a connu cette position sait aussi toutes les difficultés que cela engendre, et va peut-être vouloir vous en dissuader par protection.

Dans ces situations d'échanges des points de vue, je souris et je rassure mes proches en leur expliquant pourquoi je procède ainsi et pourquoi je reste confiante. Cependant, au plus profond de moi, cela nourrit mes failles, mon manque de confiance en moi. Et je lutte chaque jour contre ces démons, en rationalisant ces peurs qui n'ont pas lieu d'être et en me répétant les solutions ou scénarios de repli.

Plus jeune, j'aurais absorbé les doutes de tous ceux qui m'entourent et je les aurais faits miens, persuadée qu'ils avaient raison.

Aujourd'hui, je fais preuve d'empathie et me dis que ces personnes ont leurs propres blocages liés à des peurs irrationnelles, conséquences d'expériences ou traumatismes passés.

Je transforme cette énergie négative en compréhension.

La peur financière

Lorsque l'on sonde les personnes qui souhaitent changer de vie professionnelle, la plupart d'entre elles vous diront que ce qui les freine est la peur de ne pas retrouver de travail et donc d'être dans une situation de précarité financière. Elles peuvent aussi ne pas avoir envie de sacrifier leur niveau de vie et craignent une perte de salaire importante.

L'argent a toujours été un sujet de craintes chez moi. L'argent est un sujet tabou dans ma famille, et en parler peut même paraître grossier. Je n'ai jamais appris à gérer mon argent, et je n'ai jamais entendu mes parents parler de problèmes d'argent, alors qu'ils devaient sûrement en avoir. Il est donc difficile pour moi de prendre des décisions d'ordre financier, ayant toujours la sensation de faire de mauvais investissements et de gaspiller mes fonds.

Un entrepreneur est quelqu'un qui prend des risques, mesurés, mais qui n'a pas peur de dépenser de l'argent pour pouvoir mieux en gagner. L'un d'entre eux m'a dit un jour : « Il faut savoir donner pour recevoir ». Le principe est le même.

Je pèse donc chacune de mes décisions et relativise sur les sommes investies, mais j'agis car c'est la solution à mes blocages, faire pour réaliser que le pas à franchir n'est pas si grand.

Je suis par ailleurs devenue très économe. Je mets de côté chaque mois une belle somme d'argent, entre 500 et 1 000 € de mes revenus, que je place sur un livret d'épargne. Bien sûr, cela est possible en calculant la somme dont vous avez besoin chaque mois pour vivre. Il s'agit donc de faire le calcul de ses charges de base récurrentes, avec une petite marge pour les achats imprévus.

Mais j'essaie de tenir le mois avec ce budget alloué, et si jamais je n'ai pas assez d'argent pour finir le mois, je vais piocher dans ma « réserve » placée.

Cela permet de prévoir les mois plus difficiles durant lesquels les contrats sont moins nombreux, ce qui est indispensable lorsque l'on travaille en indépendant.

Je faisais partie de cette catégorie, pour laquelle la peur d'une baisse du niveau de vie constitue un obstacle. Je gagnais bien ma vie chez Apple et je n'étais pas sûre de vouloir perdre cette situation confortable. Autant vous dire que quitter une situation financière rassurante comme celle que j'avais, avec un CDI et un bon salaire, me semblait être une montagne infranchissable. Mais j'y suis arrivée.

Cela me rassure de visualiser toutes les situations possibles et de trouver les solutions. Cette méthode est le moyen d'envisager ce qui pourrait mal se passer pour l'anticiper ou atteindre l'objectif principal : la réussite.

La visualisation

La technique de la visualisation créative est un outil assimilé à l'autohypnose, permettant d'imaginer un objet ou une situation de manière mentale. Il permet un renforcement positif du comportement en pensant au succès, ou d'envisager les obstacles possibles afin de les prévenir, et du coup de réduire le stress. C'est une méthode pratiquée par les sportifs ou les aventuriers de l'extrême comme préparation à une course ou une compétition.

Je réalisais grâce à cet exercice que :

– j'aurais deux ans de chômage pour tester mon projet ;
– si c'était une erreur de quitter mon statut de salariée, je postulerais ailleurs, de toute manière je n'étais plus heureuse dans cette entreprise ;
– j'étais capable de vivre avec moins puisque je le faisais depuis un an en travaillant en 4/5e.

Si, à la fin de mon chômage, ma nouvelle vie n'était pas viable, je pourrais :

– souscrire à une assurance chômage privée pendant la dernière année de mon activité indépendante ;
– chercher un nouveau job ;
– prendre un travail dans la restauration, qui cherche de la main-d'œuvre en permanence ;
– être soutenue par mon conjoint qui lui avait toujours son travail en tant que salarié ;
– compter sur ma famille pour me donner un coup de main voire m'héberger en cas de situation dramatique (situation que je n'espérais jamais connaître !).

Je sais que tous les plans B que j'évoque ne sont malheureusement pas donnés à tout le monde. Lorsque vous envisagez votre changement de vie professionnelle, prévoyez donc de mettre de l'argent de côté, pour pouvoir vivre plusieurs mois sans crainte. Par ailleurs, certaines aides et prêts sont accordés selon votre situation personnelle ou géographique, donc renseignez-vous auprès des organismes d'État et associations d'accompagnement à la création d'entreprise. Il existe même des bourses accordées aux jeunes ou aux personnes habitant dans une zone prioritaire.

« La culture des petits pas »

Ce précepte inspiré d'un mode de pensée japonais, *kaizen*, qui signifie amélioration, revendique un changement en douceur, petit à petit, par des micro-actions quotidiennes. C'est donc la régularité qui prime et non la révolution brutale par un seul acte engagé.

« La culture des petits pas » incite donc à visualiser son projet ou objectif final en petites actions au jour le jour. Ce qui revient souvent quand on se sent bloqué avant de se lancer dans un projet, c'est qu'il paraît immense, on ne sait pas par quel bout le prendre.

On lira donc fréquemment dans les bonnes pratiques de développement personnel qu'il faut diviser cet Everest en actions plus petites et moins impressionnantes, des actions faciles à mettre en œuvre au quotidien.

Un matin, après un rendez-vous désagréable avec un expert en assurances, j'avais besoin d'une action positive à réaliser, une de ces actions qui vous font envisager le futur différemment.

Je réfléchissais à la création de mes formations en ligne depuis plusieurs semaines, et je ne savais pas comment me lancer. Mes doutes me poussaient à la procrastination sur le sujet, je décidai donc de réfléchir au sujet étape par étape. Déjà, je ne savais pas quel outil utiliser pour organiser une formation en ligne. Je commençais donc par une recherche sur Internet. Je trouvais finalement plusieurs solutions et en choisis une pour la tester, un site qui s'appelait join.me. Il y avait un essai gratuit de 15 jours, mais qu'à cela ne tienne, j'allais payer l'engagement annuel, histoire de me mettre un peu la pression. Si je n'utilisais pas cet abonnement en lançant mes formations en ligne, j'aurais gâché 200 euros. Mon support de formation existait, il faudrait peut-être un peu l'ajuster pour le format en ligne, moins interactif. J'avais enfin avancé sur le sujet.

Typiquement dans ce cas, j'ai utilisé la méthode de division en microtâches d'un projet qui me paraissait trop ambitieux et qui me paralysait. J'ai déterminé étape par étape quelles étaient les petites actions à mettre en œuvre avant d'animer ma première formation en ligne.

Pour y arriver, certains auront besoin au préalable de créer un tableau de visualisation[1] afin d'imaginer leur projet. D'autres créeront une carte heuristique, une présentation visuelle de leur projet avec au centre le sujet principal d'où partent dans différentes directions les acteurs et actions qui lui sont liés.

Une fois ces actions définies, quelle que soit la méthode utilisée pour le faire, on peut prévoir un rétroplanning,

---

1 Également appelé *moodboard*, tableau qui permet d'imaginer et de définir par des images une vision ou un projet.

qui déterminera dans le temps, généralement sur un an, la durée et la période durant laquelle on s'attellera à chaque tâche.

Carte heuristique / mind mapping

La carte heuristique, autrement appelée *mind mapping* ou carte mentale, est une manière de retranscrire au travers d'un schéma le cheminement associatif des idées, imaginé par Aristote et formalisée par Tony Buzan en 1971. Par la création d'une arborescence, on peut relier des idées liées par une hiérarchie ou une sémantique et ainsi développer un concept en une multitude de directions.

Il faut donc, pour chaque sujet qui vous fait peur ou vous paraît trop grand, rester méthodique et se confronter à eux, afin de comprendre les étapes anxiogènes et les rendre moins impressionnantes en les scindant en actions plus accessibles.

5

ASSUMER SA MULTIPOTENTIALITÉ //

> *« Le problème n'était pas que je ne m'intéressais à rien, c'est que je m'intéressais à trop de choses. »*
>
> Emilie WAPNICK, lors d'un TEDx

L'étiquette de slasheuse n'aide pas beaucoup à gérer ce syndrome de l'imposteur. On a l'impression qu'en multipliant les casquettes, on divise aussi les compétences pour chacune d'entre elles. La stupéfaction des personnes qui découvrent ma multi-identité et le dénigrement de certains me renvoient au visage le fait que si j'étais vraiment bonne dans un domaine, je ne ferais que cela.

Et si c'était le contraire ?

C'est toute la difficulté que rencontrent les multipotentiels, aussi appelés les zèbres.

Être multipotentiel

La multipotentialité est un terme éducatif et psychologique, utilisé pour la première fois en 1972 par R. H. Frederickson, qui définit la capacité d'un sujet à exceller dans plusieurs domaines.

Christel Petitcollin, qui explique ce phénomène dans son livre *Je pense trop. Comment canaliser ce mental envahissant*[1], dit que dans la petite enfance, entre 3 et 6 ans, un tri neuronal se fait de manière naturelle : l'enfant élimine des milliards de neurones et de connexions électriques qui ne lui sont pas indispensables. Chez les multipotentiels, cette phase de « ménage » ne s'opère pas de manière si radicale. Le champ des possibles et des appétences reste donc plus ouvert.

Les multipotentialistes pensent en arborescence et non de manière séquentielle comme la plupart des gens, ce qui leur permet de ne pas se spécialiser dans un domaine pour devenir expert, mais avoir de multiples talents.

Léonard de Vinci est un bon exemple pour incarner ce type de profil.

Nous vivons dans un monde d'experts qui gravissent les échelons et gagnent en notoriété alors qu'ils n'ont qu'une vision partielle de leur activité.

---

1 Guy Trédaniel Éditeur, 2010.

Encore récemment, on m'a conseillé de vendre mes prestations en suivant une ligne de spécialisation, être dans une niche, symbole de qualité car d'expertise.

Si je commence à dire que je suis formatrice sur tout un tas de sujets, cela ne montre pas ma curiosité à des sujets variés mais plutôt ma non-qualification. Cela me dessert dans le message d'excellence que je suis censée communiquer.

Mais n'est-ce pas contradictoire avec le message qui nous est communiqué à l'école dès le plus jeune âge ? Il fallait être bon dans toutes les matières en primaire et au collège. Surtout pas de spécialisation et encore moins de reconnaissance dans les domaines dans lesquels nous sommes meilleurs.

On pointait du doigt plus facilement les faiblesses que les forces, alors même que cela pouvait être le signe d'une direction à prendre et commencer à orienter les élèves non pas parce qu'ils sont mauvais dans un domaine mais plutôt parce qu'ils se révèlent bons dans d'autres.

Si je regarde un peu en arrière, je suis passée du dessin à la peinture, en passant par la photographie, la cuisine et aujourd'hui l'écriture. J'ai ce besoin irrépressible de création et d'expression de mon art dans n'importe quel domaine. La vie ne me permettait pas forcément de vivre toutes ces passions en même temps. Elles ont été présentes par phase, s'enchaînant les unes après les autres, mais répondant toutes au même besoin : m'exprimer et créer.

J'ai décidé de considérer que cela était une force, une richesse et la preuve d'une grande ouverture d'esprit.

Personne ne peut plus me faire croire que mes talents artistiques, aussi modestes qu'ils soient, ne sont pas une chance. D'autant plus aujourd'hui que j'assume toutes les casquettes de mes entreprises. Je peux créer la charte graphique, réaliser mon site Internet, photographier mes produits, écrire les articles de mon blog.

Qui oserait me dire que ce n'est pas un avantage !

Être une slasheuse semble donc comme une évidence pour me réaliser en tant que multipotentielle, et ne pas avoir la sensation de devoir choisir le métier qui me rendrait la plus heureuse. Je les fais tous, et même si cela peut paraître pour certains de la dispersion, je l'analyse moi comme une capacité à saisir toutes les opportunités et à me réaliser dans tous les domaines que j'affectionne.

6

TROUVER SA PLACE DANS LE MONDE DU TRAVAIL //

« L'emploi qu'un homme finit par obtenir est rarement celui pour lequel il se croyait préparé et dans lequel il pensait pouvoir être utile. »

Marguerite YOURCENAR

Comment gérer un changement professionnel

Aujourd'hui, c'est une réflexion que nous devons avoir sur le monde du travail. Pourquoi est-il si difficile pour les employés de dire au revoir à une situation qui ne leur convient pas ? Le changement est forcément radical, et les obstacles à ce changement de vie sont nombreux, en particulier pour une femme et mère.

Que l'on ait trouvé son prochain emploi ou non, qu'est-ce qui nous dit que l'herbe est forcément plus verte ailleurs ?

C'est la réflexion que je me suis faite à la fin de mon CAP, après mes expériences de cuisine dans la restauration. Je n'étais pas si mal lotie dans ma situation de formatrice.

J'avais des horaires fluctuants mais je ne travaillais pas après 20 h. J'avais des problèmes de dos mais je ne finissais pas en miettes, les pieds en compote à chaque fin de journée. J'étais souvent malade mais je n'avais pas à alterner entre chaud et froid en passant sans cesse d'une cuisine à une chambre froide.

Mon ancien employeur avait bien compris que ces périodes de doutes et de remises en question pouvaient survenir. Depuis quelques années déjà, il avait mis en place une expérience de carrière, qui permettait aux employés de changer de poste le temps de quelques semaines, afin de savoir s'ils étaient tentés de postuler ou s'ils l'avaient fantasmé. Un « vis ma vie » qui permettait de tester un autre métier, sans quitter sa position actuelle ni son entreprise, et de ne pas regretter sa décision. Cela permettait de valider si l'herbe était plus verte ailleurs ou si on l'idéalisait.

Car encore une fois, comment se faire une idée d'un autre job quand on ne l'a jamais connu ?

C'est ce que l'on demande pourtant à nos enfants et aux étudiants : se faire une idée de la place qu'ils veulent occuper toute leur vie, sans avoir jamais porté le costume !

Donc ne soyons pas étonnés d'avoir des salariés en perte de vitesse, désengagés, et qui avalent des antidépresseurs pour pouvoir aller travailler le matin…

Ces situations créent de profondes angoisses. Chez moi, elles se manifestaient par des maux de ventre, des insomnies, des migraines effroyables et des crises de lombalgie intenses qui me clouaient au lit.

Ces maladies « imaginaires », cette somatisation, étaient bien réelles, pour moi comme pour bon nombre de salariés. Elle impactait mon travail par mon absentéisme et elle impactait aussi ma vie personnelle. Je finissais par culpabiliser de mon état, voyant mon conjoint partir travailler seul, ne voyant dans son regard que désarroi et doutes, ce qui ne m'aidait en rien à aller mieux.

Je devenais ce genre de personne qui enchaîne les arrêts maladie et revient honteuse au travail, alors qu'en soit je ne faisais rien de mal. J'étais juste victime d'un mal-être profond qui se manifestait de différentes manières dans mon corps. La dépression était bien installée.

Il faudrait donc plus de clés pour ces salariés au fond de la classe, près du radiateur, qui ne savent plus comment sortir de ce confort, englués dans leur sécurité. Leur dire : « Vous avez le droit de partir sans avoir peur pour votre avenir, sans craindre de ne pas pouvoir payer votre loyer. »

Les aménagements législatifs font un peu avancer les choses mais progressent encore trop lentement en comparaison de l'évolution du secteur professionnel.

Vos partenaires après votre départ

La relation avec Pôle emploi est aujourd'hui un frein pour nombre de personnes qui envisagent de changer d'emploi. On sait que cela va être compliqué, tant sur le plan des relations humaines que sur le caractère nébuleux de la gestion de cette période.

La période de « carence », le calcul des indemnités, les conditions pour lesquelles on les perçoit, tous ces facteurs sont de vrais mystères pour la plupart des gens, ce qui provoque du coup stress et peurs avant même de s'être lancé.

On a par ailleurs l'impression que Pôle emploi est le Père Fouettard plutôt que la gentille marraine qui vous aidera à réaliser votre projet. Pour démystifier cet interlocuteur, il vaut donc mieux bien se renseigner et surtout se préparer à connaître des désagréments, car il y en aura forcément.

Surtout lorsque comme moi, vous avez un projet qui sort de l'ordinaire, et qui ne consiste pas à chercher un CDI dans mon secteur d'activité.

Je l'attendais depuis des semaines, et enfin ce jour-là j'avais mon premier rendez-vous avec mon conseiller Pôle emploi.

Mon conseiller était un jeune homme. Il me regardait tout en pianotant sur son clavier pour accéder à mon dossier, m'expliquait tant bien que mal le montant de mon indemnité, tout en m'avouant timidement qu'il ne comprenait pas grand-chose au calcul.

Vint ensuite le moment fatidique de la définition de mon projet, celui où je devais lui expliquer que je voulais devenir une slasheuse…

Il me dit : « Vous avez noté formatrice et chef de cuisine, c'est-à-dire ? »

– C'est-à-dire de la formation sur les produits Apple d'une part, de la cuisine de l'autre.

Il voulait comprendre le projet pour le saisir au mieux dans son dossier mais ne voyait pas le rapport entre les deux activités. Il réfléchit et finit par me demander comment j'allais gérer ces deux entreprises de front.

Je lui expliquais donc ma stratégie organisationnelle, les lieux de coworking, les cuisines partagées…

Il me répondit : « Mais ça existe, ça ??? »

Je lui faisais découvrir un autre univers, celui des entrepreneurs de la débrouille, qui cherchent toutes les solutions possibles pour rendre leur projet viable.

« Vous êtes le travailleur de demain en fait… » Punchline du jour de mon conseiller Pôle emploi.

Le rendez-vous se termina sur ces découvertes, 20 minutes après au lieu des 40 annoncées, il me salua en me disant : « Bon, c'était le premier et le dernier rendez-vous. Vous ne reviendrez pas. »

Les actions à mener étaient claires dans mon esprit, j'allais donc être en relation avec un conseiller virtuel, qui ne communiquait que par mail et qui allait mettre plusieurs mois avant de comprendre qu'il ne fallait pas m'envoyer d'offres d'emploi.

La leçon que j'ai tirée de cette entrevue avec Pôle emploi est qu'il vaut mieux être préparé à rechercher par soi-même – Internet est notre meilleur ami –, car cet organisme n'est clairement pas préparé aux nouveaux enjeux du monde du travail. Ils n'ont pas les réponses à toutes nos questions et ne sont pas forcément à même de nous aider.

Je ne les blâme pas, ils ne reçoivent pas à mon avis de formation dans ce sens et sont surtout présents pour une population en quête d'un travail, dans sa forme la plus courante, c'est-à-dire un CDI.

Les enjeux actuels du monde du travail sont-ils compris par cet organisme d'État ?

Savent-ils que l'intelligence artificielle va remplacer et enterrer un certain nombre de métiers, et vont-ils trouver des solutions pour toutes ces personnes qui vont se retrouver sans boulot du jour au lendemain ?

C'est à nous de leur prouver qu'il existe une catégorie de personnes qui n'est pas au chômage dans le but de toucher un maximum d'indemnités le plus longtemps possible, mais qui est capable de chercher l'info où elle se trouve (merci le Web !) et de se créer son projet professionnel à la carte sans s'aliéner le monde du travail.

Parmi les astuces que l'on peut apprendre de mon expérience, il y a la question de la date de création de sa micro-entreprise.

Si vous l'avez créée avant d'être inscrit chez Pôle emploi, à côté de votre activité salariée, Pôle emploi considère qu'elle n'a pas d'impact sur vos entrées d'argent et du coup n'influence en rien vos indemnités chômage, les ARE.

Alors que dans mon cas, ayant créé mon entreprise après mon inscription comme demandeur d'emploi, mon activité et mon chiffre d'affaires influencent la somme versée pour mes indemnités. Je fais partie de ces chômeurs-entrepreneurs qui ne touchent que 80 % de leurs indemnités car ayant un revenu avec mon chiffre d'affaires…

J'ai par ailleurs fait l'erreur de vouloir déclarer à l'Urssaf par trimestre, et autant vous dire que c'est la pire erreur à commettre quand vous touchez l'ARE. Pôle Emploi fait chaque trimestre une réévaluation d'un éventuel trop perçu et me réclame le remboursement des sommes versées !

Lettre d'explication du cumul CA et ARE[1]

Vous êtes indemnisé au titre de l'Allocation d'aide au retour à l'emploi (ARE) et avez repris une activité professionnelle non salariée. Vous pouvez, sous certaines conditions, continuer à percevoir l'ARE en même temps que la rémunération de cette activité reprise.

Pour le calcul de l'allocation qui vous sera versée, 70 % de votre rémunération soumise à cotisations sociales sont déduits du montant mensuel brut de votre allocation. Le cumul du salaire issu de l'activité reprise et de l'allocation ne peut pas dépasser le salaire antérieur brut ayant servi au calcul de l'allocation.

Selon votre situation, l'ARE vous sera versée selon l'une des modalités suivantes :

- Si vous êtes en mesure, lors de votre actualisation mensuelle, de déclarer votre rémunération et d'en fournir les justificatifs au terme du mois suivant, vous bénéficiez d'une avance de paiement à hauteur de 80 % du montant de l'allocation dû déterminé à partir de vos rémunérations déclarées. Les justificatifs permettront de régulariser votre

[1] Source : Pôle emploi.

paiement. À défaut, l'avance versée sera intégralement récupérée sur le montant de vos prochains paiements et aucun nouveau paiement ne sera effectué. Les paiements seront repris dès transmission des justificatifs.

- Si vous n'êtes pas en mesure, lors de votre actualisation mensuelle, de déclarer votre rémunération et d'en fournir les justificatifs, vous bénéficiez d'un paiement provisoire à hauteur de 70 % du montant de l'allocation dû en l'absence d'exercice d'une activité professionnelle. Les justificatifs doivent être transmis à échéance annuelle (ou trimestrielle pour les micro-entrepreneurs qui le souhaitent) en vue de régulariser votre paiement. À défaut, l'avance versée sera intégralement récupérée. Par ailleurs, nous attirons votre attention sur le fait que le traitement de vos justificatifs est indispensable à la mise à jour de votre dossier et à la poursuite de votre indemnisation.

À noter qu'il n'est plus fait application de la base forfaitaire utilisée pour le calcul des cotisations de sécurité sociale des travailleurs indépendants. Pour procéder au calcul définitif de vos paiements, nous vous rappelons votre obligation de produire les justificatifs de vos rémunérations telles que soumises à cotisations de sécurité sociale (la déclaration sociale des indépendants, l'attestation de l'Urssaf ou du RSI, l'avis d'imposition…).

Ainsi pour résumer, si vous êtes comme moi créateur d'une micro-entreprise après inscription à Pôle emploi, demandez une déclaration mensuelle de votre chiffre d'affaires à l'URSSAF pour avoir une meilleure synchronisation avec votre chômage.

Pour compléter le travail de recherche effectué avec l'aide de Pôle emploi, il existe de nombreuses solutions. Sur le site de Pôle emploi, tout d'abord, vous trouverez des outils dans l'Emploi Store. On y découvre des services autour de thématiques comme s'orienter, se former ou travailler à l'international. On peut ainsi trouver des sites Internet et entreprises qui nous aideront sur le sujet, et parfois même accéder à des offres promotionnelles. J'ai ainsi pu suivre gratuitement une formation en ligne, autrement appelée MOOC, car je suis inscrite à Pôle emploi.

Il existe aussi un collectif que j'ai découvert dans mon réseau, Cojob, qui permet à des demandeurs d'emploi de se regrouper pour faire des recherches en groupe, mais aussi assister à des ateliers de formations ou encore partager des astuces. Je trouve ce concept intéressant aussi pour préserver le lien social, car il est facile de se sentir isolé voire marginalisé lorsque la période de chômage est longue. Dans ce cadre, vous restez en contact avec l'extérieur et vous vous retrouvez avec d'autres personnes ayant cette même problématique de recherche d'emploi. Le groupe vous stimule et on est encouragé lors des moments de doutes.

Il est donc préférable de rester connecté d'une manière ou d'une autre, afin de ne pas perdre l'entrain nécessaire à l'exploration et éventuellement à l'acquisition de nouvelles compétences. Garder du lien social permet aussi de faire plus rapidement le deuil de son ancien poste par la création d'un nouvel environnement transitoire où l'humain est au centre de tout.

II

DESSINEZ UNE VIE À VOTRE IMAGE //

Pour que cette nouvelle vie soit en accord avec vos besoins, il est nécessaire de prendre conscience des différentes casquettes que vous allez porter et de leurs enjeux. Cet équilibre assure la pérennité du projet. Être à l'écoute de soi est essentiel à la réussite de sa mise en œuvre.

1

JONGLER AVEC LES DIFFÉRENTES CASQUETTES //

> *« Il faudrait les huit bras de shiva pour mener de front carrière et enfants. »*
>
> Isabelle ALONSO, *Même pas mâle !*

Être mère

On peut trouver ou lire de nombreux témoignages de parents et surtout de mères qui cherchent cet équilibre entre vie professionnelle et vie personnelle, car la société dans laquelle nous vivons est particulièrement culpabilisante avec les femmes ayant ce double rôle.

Avez-vous déjà entendu parler d'un homme qui s'est vu refuser une promotion car il vient d'avoir un enfant ? Appelle-t-on en premier le papa lorsque la petite Manon a 39 de fièvre à la crèche ? Accorde-t-on un congé paternité de 16 semaines au nouveau papa ? En ce qui me concerne, en France, je réponds non à ces trois questions.

Néanmoins, des femmes concernées par ces situations, j'en croise toutes les semaines. La société dans laquelle nous vivons ne nous aide pas, je pense que c'est consensuel.

Il y a ensuite tous les paradigmes que l'on nous a inculqués, consciemment ou non, de la mère au foyer qui s'occupe des enfants. La femme est celle qui gère les enfants, veille à leur bien-être et accompagne leur éducation au quotidien.

Avec tous ces prérequis, difficile pour une nouvelle mère de ne pas culpabiliser et s'autocensurer sur ses projets autres que familiaux.

Un exemple : je n'envisage pas d'aller au sport ou de voir une copine sur mon temps familial. Généralement, ce temps, je le prends sur ma « journée de travail », pendant que mes filles sont à l'école ou à la crèche. J'ai le sentiment de les sacrifier et de perdre du temps pour notre relation si je planifie un dîner entre filles ou un cours de tango le soir.

Cela a aussi un impact sur ma vie professionnelle. Dois-je accepter une prestation qui me ferait travailler le soir ? Encore une fois, je culpabilise. Je suis formatée par le cliché des horaires de la mère de famille qui se sont alignés aux besoins de la famille, pour gérer l'entrée à l'école de 8 h 30 ou la sortie du centre de loisirs à 18 h 30. Mes horaires doivent donc se calquer sur ces contraintes.

En soit, pour quelles raisons ?

Il existe des tas de situations dans lesquelles la mère travaille de nuit si elle est infirmière en hôpital ou sur des horaires de coupure, dans la restauration par exemple. Les familles dans ces cas de figure comptent alors sur le papa, la famille ou le soutien d'une nounou, sans que leur organisation de vie soit pointée du doigt par une société habituée aux horaires de la fonction publique…

Je me force donc et me dis que mes filles vont profiter différemment de leur temps avec papa. L'organisation est du coup aussi différente dans le couple. Nous avons un calendrier familial dans lequel j'indique à mon conjoint quand il doit amener ou récupérer la petite à la crèche.

C'est ainsi qu'un arrangement quasi-militaire et sans failles, ou presque, s'est mis en place au fil du temps.

Malgré tout, je n'ai réalisé que plusieurs mois après mon changement de carrière que ma fille, ma grande qui allait fêter ses onze ans, ne savait pas ce qui se passait dans ma vie professionnelle. Elle avait bien remarqué ma présence plus fréquente, notamment le mercredi après-midi, mais elle ne m'avait pas posé de question sur cette disponibilité soudaine. Elle appréciait la nouvelle situation, mais n'en connaissait pas les tenants et les aboutissants.

Je lui en ai parlé un après-midi alors que nous faisions le trajet en bus ensemble. Je ne sais pas pourquoi, ce jour-là, je me sentis prête à le faire.

Il était temps d'assumer ce chamboulement et surtout de ne pas en avoir honte.

Je pense qu'au fond de moi, je culpabilisais d'avoir quitté la sécurité pour ma famille. Mais en soi, je l'avais aussi fait pour eux. Avoir une mère plus épanouie à la maison, qui du coup crie moins, ressent moins de frustration, est forcément un gain de bien-être dans le cocon familial.

Et puis, il y avait aussi cette notion de « rôle modèle » qui revenait encore et toujours. Quel message désirais-je communiquer à mes filles ? Celui de la sécurité, quitte à sacrifier son épanouissement personnel ? Ou celui de la prise de risque limitée qui permet de vivre sa vie et non plus seulement de la gagner ?

Car c'était là tout l'enjeu. Je ne voulais pas donner cette image à mes filles d'une mère sacrificielle. J'avais connu ce schéma avec mes parents et j'ai toujours considéré en effet que les enfants doivent passer avant tout. Mais quand tout va bien pour eux et que votre propre bonheur ne va pas à l'encontre de leur bien-être, pourquoi s'en priver ?

En effet, j'ai quitté mon CDI, symbole de sécurité et de stabilité. Mais en même temps, ce travail ne me permettait pas de les emmener tous les jours à l'école, ou d'aller les chercher, ou de faire les devoirs avec elles, ou de passer tous mes week-ends en famille.

Donc à quoi bon ?

Cela a été l'argument phare pour sortir de cette culpabilité excessive : je serais plus disponible pour elles. Je gérerais mon temps en fonction de leurs besoins. Alors oui, ce serait sûrement un sacrifice au niveau de mes revenus ou de la rapidité de développement de mes activités, mais je ne perdrais plus le temps de leur enfance.

C'est une confidence qu'un jour mon père m'a révélée : il avait manqué notre enfance et le regrettait profondément. J'ai moi aussi le sentiment d'avoir loupé les premières années de ma grande. À partir du moment où j'ai été une mère célibataire qui travaillait dans le secteur de la vente, le temps a filé à toute allure et mes obligations financières m'ont imposé de mettre au second plan mon rôle de mère.

Les horaires décalés et les dimanches travaillés étaient incontournables. Les différentes nounous ont vécu ce que j'aurais dû voir moi : ma petite fille grandissait et devenait une grande, bientôt adolescente.

Les inégalités sociales, les carrières mises en suspens voire sacrifiées, les différents plannings pour gérer tous les aspects de la vie semblent encore être de la responsabilité des femmes.

Cependant, les choses ont l'air d'évoluer dans le bon sens : je vois de plus en plus d'hommes gérer les enfants sur un créneau de la journée ou le mercredi, prendre un congé sabbatique après la naissance de leur enfant et les congés paternité se prolonger dans certaines entreprises.

Il nous faut encore faire des efforts, bientôt l'équilibre au sein du couple trouvera tout son sens et son engagement.

Être femme

C'est le pan de ma personnalité que j'oublie le plus souvent alors qu'il est pourtant essentiel. On dit fréquemment que les femmes s'oublient lorsqu'elles deviennent mères, au profit de leurs enfants ou plus largement de leur famille.

J'avais la sensation que ce n'était pas le cas pour moi, quand j'étais jeune mère, insistant pour garder une image coquette, féminine et prenant soin de moi. Je m'étais inscrite à la salle de sport et je faisais en sorte de penser à mon couple malgré mon nouveau rôle de mère.

Ces bonnes pratiques ont malheureusement disparu avec le temps. Je me confrontais à une contrainte tout à fait universelle : les journées ne font que 24 heures.

Il fallait donc faire des choix sur ce qui était une priorité dans la journée, et les tâches me concernant personnellement en tant que femme passaient souvent au second plan.

C'est une chose que j'ai décidé de corriger depuis que je suis slasheuse.

Les actions à mener au quotidien sont déjà nombreuses : entre mes deux entreprises débutantes et ma vie de famille, les listes de choses à accomplir ne font que s'allonger.

Il faut donc savoir par moments prioriser et faire en sorte que ce qui me concerne prenne de temps en temps la tête de la liste.

Ainsi une manucure, une exposition ou une remise en beauté chez le coiffeur ne sont plus des actes honteux qui rognent sur le temps de travail ou de famille, mais deviennent des actes militants assumés.

Je suis une femme avant tout et je me dois de ne pas l'oublier !

Pour me trouver des excuses, je me répète inlassablement que l'image que je renvoie à mes clients doit être celle d'une jeune trentenaire apprêtée et cultivée… Je suis ma propre image de marque et je ne dois pas la dénigrer.

Autant de justifications qui m'obligent à penser à moi, chose qui est loin d'être un réflexe naturel au quotidien.

Il y a aussi la question de l'estime de soi qui entre en jeu. Bien souvent, on a cette image communément admise de la mère de famille qui s'apprête pour aller au travail et passe un pantalon de survêtement une fois rentrée à la maison. Le souci dans ma nouvelle vie, c'est que potentiellement mon temps passé à la maison est plus important. Et les excuses pour me faire jolie un peu moins nombreuses. Je me dois à moi-même de prendre soin de moi et de mon image sans raison apparente et rien que pour moi. Je profite donc des moments libres dans mon agenda pour les remplir d'activités égocentrées qui me font du bien, suivant mes envies à l'instant T.

Être « pôlempliste »

Le statut de chômeur est très difficile à gérer. Je ne me considère pas comme étant chômeuse, pour moi ce terme me renvoie une image fausse, mais généralisée, d'une personne inactive et je ne suis pas inactive. Je suis « pôlempliste entrepreneure », expression empruntée à une personne que je côtoie dans mes réseaux.

On a véritablement l'impression d'être au crochet de la société quand on est inscrit à Pôle emploi et que l'on a le privilège de toucher des indemnités. Mais pourquoi ce sentiment de ne pas mériter d'être aidé pendant une période donnée, alors que l'on cotise pour ces potentiels changements de vie professionnelle pendant toutes ces années ?

Parce que la société vous montre du doigt. Le système vous accuse de tricher ou de frauder. Vous devez justifier chaque mois de ne pas avoir fait de formation, de ne pas avoir été en arrêt maladie ou de ne pas avoir travaillé. Et si vous avez eu le malheur d'avoir été dans ces situations, gare à vous ! Le système vous met des bâtons dans les roues.

On vous infantilise en vous disant que cet argent est à vous mais pas vraiment. Si tu gagnes un peu ta vie, on te le retire et on ne te dit jamais vraiment combien tu touches et quand tu le touches.

J'ai dû attendre six mois pour enfin avoir le droit de toucher mes indemnités chômage, alors mon premier conseil est de mettre de l'argent de côté pour subvenir à la période précédant les indemnités chômage.

On m'avait conseillé un matelas de sécurité de trois mois de salaire, afin de préparer ce changement de vie, six est un meilleur chiffre. Pour être plus serein au moment de payer les factures et ne pas angoisser d'être dans le rouge à la banque, et continuer ce changement de cap.

La réflexion pour une reconversion ou en tout cas une réorientation professionnelle demande du temps et surtout de la sérénité. Donc si je suis pressée par le temps et l'argent pour prendre des décisions et faire des choix, ils ne seront pas réalisés de manière calme et réfléchie.

Je suis inscrite sur les listes de Pôle emploi par la force des choses, mais je suis entrepreneure à temps plein. La mauvaise réputation des chômeurs vient du fait que certains pensent que les personnes au chômage considèrent qu'elles sont en vacances payées par l'État. Les mauvaises langues diront que ces chômeurs vacanciers abusent du système, or chacun réagit à sa manière à une conclusion professionnelle.

Je pense même qu'il faudrait autoriser à chaque travailleur, une fois dans sa vie, à faire une pause plus ou moins longue de six mois à un an, histoire de faire le point sur ses attentes professionnelles. Une pause qui permet de se recentrer et de se poser les bonnes questions.

« Suis-je heureux dans mon métier ? Est-ce que mon environnement professionnel me convient ? »

« De quoi ai-je envie pour l'avenir ? »

« Quelles sont mes perspectives d'évolution ? »

« Qu'est-ce que j'ai envie d'apprendre de nouveau ? »

« Ai-je envie de me reconvertir ? »

Nous aurions peut-être moins de perte de motivation, de présentéisme, de burn-out, d'arrêts maladie répétés ou d'abandons de poste si les gens avaient droit à ce temps de réflexion autorisé... Un moment de « vide fertile » comme le nomment les experts en développement personnel, destiné à la réflexion, à l'expérimentation et à l'opportunité de ne penser qu'à soi.

Les périodes de chômage peuvent donc être le bon moment pour se poser les bonnes questions et revenir à soi et à ses envies. Ce sont des moments de vie sur lesquels nous pouvons changer notre prisme et les concevoir comme une chance de tester des métiers, se former à de nouveaux sujets et ouvrir de nouvelles perspectives.

Être auto-entrepreneuse

J'ai choisi le statut juridique d'auto-entrepreneur, aussi appelé micro-entreprise, pour sa simplicité de création et de gestion, avec peu de marge d'erreur possible.

Et comme la partie administrative et comptable n'était pas mon fort et générait plus de stress qu'autre chose chez moi, je n'allais pas me mettre de bâtons dans les roues.

Je bénéficie de l'ACRE[1], qui me permet de payer moins de cotisations sociales sur les trois premières années, et le seuil imposé de soixante-dix mille euros de chiffre d'affaires

1 Les entreprises créées à partir de 2020 ne bénéficient plus de 3 années de réduction des charges sociales mais d'un aménagement dépendant du revenu d'activités.

à ne pas dépasser pour une activité de services me paraissait tout à fait raisonnable pour un démarrage d'activité.

Si je vais au-delà du seuil deux années consécutives, je devrais créer une société avec un autre statut juridique.

L'Aide à la création ou à la reprise d'entreprise (ACRE)

L'ACRE est une aide à la création ou à la reprise d'entreprise, permettant une exonération des charges sociales partielles au démarrage de l'activité. Elle diffère selon le statut de l'entreprise.

Pour les micro-entreprises, sa demande varie si la création a été opérée avant ou après le 1er janvier 2019.

On peut se demander pourquoi j'ai lancé mon activité de formation en premier, alors que cela faisait des années que je trépignais d'impatience de faire de la cuisine… La réponse est simple : la facilité.

Mon entreprise de traiteur me foutait la trouille et la pression. Je voulais prendre mon temps pour bien faire les choses et bien définir mon projet. Je me sentais plus à l'aise et plus légitime dans la formation. Je sortais de huit années d'expérience dans ce domaine, donc j'avais l'expertise et la confiance en moi nécessaires.

Par ailleurs, je savais que cette activité allait me rémunérer plus rapidement, donc elle deviendrait mon deuxième matelas de sécurité.

Pour moi qui avais une peur financière viscérale, il était rassurant de me dire que mes deux projets allaient être complémentaires d'un point de vue financier. Certains pourraient penser que c'est une vision pessimiste que de penser que l'on monte une entreprise qui ne va pas nous rémunérer, mais c'est juste être réaliste!

Dans un secteur aussi concurrentiel que la restauration, je savais qu'il serait difficile les premiers mois, voire les premières années, de me verser un salaire convenable.

C'est pour cela que mon entreprise de formation me rassurait, car c'était un domaine dans lequel j'étais presque sûre de trouver des clients et des contrats rapidement. J'ai la tête sur les épaules et des bouches à nourrir. Si je m'étais lancée dans deux activités avec peu de chances de rémunération, je n'aurais pas tenté l'aventure. Créer le métier, enfin les métiers de mes rêves, n'allait pas se faire en un claquement de doigts. Mais le statut d'auto-entrepreneur, plus facile d'accès et de gestion, me facilitait la tâche pour la formation – même si je ne compte pas rester sous ce statut indéfiniment car la couverture sociale n'est pas idéale.

Le choix de l'auto-entreprise

L'auto-entrepreneur bénéficie d'une couverture maladie similaire à celle des salariés mais ne touche pas d'indemnités journalières en cas de maladie et ne peut déclarer d'accidents du travail.

Ses droits à la retraite dépendent du chiffre d'affaires déclaré et la validation de trimestres de retraite est conditionnée à la réalisation d'un chiffre d'affaires annuel minimum.

Le travailleur indépendant peut dorénavant prétendre à l'ATI, qui est l'équivalent des indemnités chômage pour les travailleurs indépendants. Elle est de 26,30 € par jour et durant 6 mois maximum.

Par ailleurs, on ne peut pas déduire ses charges de son chiffre d'affaires, ce qui peut s'avérer désavantageux lorsque l'on commence à avoir beaucoup de frais professionnels.

Être cheffe d'entreprise

Être à la tête de deux structures, une micro-entreprise avec C plus Claire et une SASU pour Pluche, fait de moi une cheffe d'entreprise et implique des responsabilités légales.

Je ne possédais pas toutes les compétences induites par ce rôle et je ne maîtrisais pas tous les sujets intrinsèques au démarrage de cette nouvelle vie.

Il fallait maintenant réfléchir à des positionnements, des personas[1] et des prix, notions que je n'avais jamais vraiment abordées dans ma vie professionnelle.

L'étude de marché pour C plus Claire s'était faite naturellement durant mon ancien job, lorsque les clients me demandaient des cours particuliers à leur domicile.

---

1 Clientèle cible pour un produit ou un service.

Combien de demandes j'ai dû refuser car mon contrat ne le permettait pas… une bonne centaine. Donc le vivier était là, le marché existait. Je savais que ma cible allait être multiple, puisque je voulais à la fois un public de particuliers et de professionnels. Pour la formation, il s'agissait d'aider les propriétaires de produits de la marque à la pomme à devenir autonomes, et les professionnels à être plus performants pour optimiser leur temps. Le public allait de 7 à 77 ans. Et cela allait se confirmait par la suite.

Pour Pluche, mon activité de traiteur, le marché était plus complexe parce que très concurrentiel. Il fallait donc trouver une niche, une spécialité que peu de traiteurs ou restaurateurs fournissaient encore. Ajouté à cela mes convictions grandissantes pour l'avenir de notre planète, l'idée d'une cuisine végétarienne apparut comme une évidence. J'allais donc proposer des plats végétariens à des particuliers, livrés sur leur lieu de travail le soir avant le retour au domicile. Ils pourraient ainsi consommer local, fait maison et écoresponsable. Ce business model me semblait le meilleur, mais il s'avéra très rapidement trop complexe à gérer seule.

La clientèle que j'attendais pour Pluche avait un profil plutôt jeune : celui des nouveaux travailleurs et trentenaires, adeptes des plats à emporter mais aussi du « bien manger ».

Après quelques semaines de test et de réflexion, j'allais décider de changer mon fusil d'épaule pour proposer mes services de traiteur aux entreprises, par le biais d'un partenariat avec une start-up qui allait jouer le rôle d'apporteur d'affaires.

La détermination de mes tarifs n'a pas été un sujet facile pour moi. J'avais ce maudit « plafond de verre »[1] qui me poussait à proposer des prix en deçà de ceux auxquels je pouvais prétendre.

S'aligner sur la concurrence ? Être moins cher ? Toutes ces questions que l'on se pose et qui ne sont au final qu'une perte de temps !

J'ai eu un déclic lors d'un meet-up avec un entrepreneur qui disait que la clé de la réussite était dans le fait de ne pas se dénigrer et que la prestation à bas prix ne permettait pas de pérenniser une entreprise, alors qu'une offre haut de gamme et un engagement dans le temps, si.

Les meet-up

Les meet-up sont des rencontres organisées par des entreprises, associations ou personnes individuelles, autour de thématiques précises, comme le travail, la santé ou la formation.

La société Meetup propose notamment ce type de rencontre sur son site www.meetup.com ou sur son application Meetup.

La plupart sont des réunions gratuites qui peuvent être planifiées de manière récurrente par leur organisateur.

[1] Notion mise en lumière dans un article du *Wall Street Journal* en 1986, inspiré du film *Le mur invisible* d'Elia Kazan, et qui illustre la difficulté d'accès à des postes hiérarchiquement supérieurs pour des catégories sociales, et notamment les femmes.

Une autre bonne méthode pour fixer son prix reste de calculer le revenu minimum nécessaire pour pouvoir payer toutes ses charges.

De combien avez-vous besoin pour vivre, payer les factures, investir dans votre entreprise, payer vos cotisations et vos impôts ? Et pour les plus prévoyants, une bonne mutuelle, une assurance chômage et une complémentaire retraite ?

C'est donc votre fourchette basse.

Certains partent aussi du revenu net qu'ils souhaitent toucher et le divisent par le nombre de jours travaillés pour calculer leur taux horaire.

Tous ces points auraient dû être formalisés au travers de ce que l'on appelle le business plan. Mais la création même de ce document officiel me paralysait !

Marjorie, une coach en reconversion, m'a complètement déculpabilisée sur le fait de ne pas démarrer par cela. Elle m'a conseillé de m'écouter et de faire ce qui me paraissait le plus important pour moi, pour avancer dans ma réflexion : un site Internet pour C plus Claire et des fiches techniques de recettes pour Pluche.

Le business plan

Le plan d'affaires ou plan de développement, appelé aussi business plan ou BP, consiste en la création d'un document de pilotage et de communication d'une entreprise. Il compile les informations liées à la gestion de l'entreprise, et aux projections faites de son aspect financier.

Il détermine les objectifs de celle-ci et les moyens et méthodes pour les atteindre.
Il peut être communiqué aux banques, partenaires ou investisseurs afin de les convaincre de s'associer au projet.
Il est très formaté et l'on retrouve de nombreux modèles disponibles gratuitement sur Internet.

Il n'y a pas d'ordre sacro-saint à respecter lorsque vous avancez dans votre projet si vous ne demandez pas de financement à une banque ou à un partenaire, mais vous prendrez forcément en compte ces points à un moment donné de votre parcours.

Vous allez en effet être obligé de passer tôt ou tard par cette réflexion, mais l'essentiel est surtout d'avancer, donc si cela passe pour vous par des choses concrètes comme la création de votre logo ou d'un site Internet, lancez-vous !

Aujourd'hui, des concepts comme le Lean Startup d'Eric Ries nous incitent à lancer des produits au minimum viables[1], qui seront améliorés par itération et échanges avec le futur consommateur. Cela veut bien dire que vous pouvez lancer votre idée sans qu'elle soit aboutie à la perfection, dans le but de la tester et qu'elle soit au plus près du produit final que vous allez proposer.

---

1 MVP, *Minimum Viable Product*, issue de la théorie d'Eric Ries, qui théorise le fait de lancer un produit dans sa forme la plus primaire, notamment dans le secteur des applications web.

2

GÉRER LA CULPABILITÉ //

« Ce n'est pas le mal, mais le bien, qui engendre la culpabilité. »

Jacques LACAN

On peut avoir du mal à comprendre le lien entre un sentiment humain et le sujet entrepreneurial. Si l'on pose la question à des hommes chefs d'entreprise, je pense en effet que très peu citeraient la culpabilité dans la liste des sentiments liés à leur métier. Elle est encore une spécialité féminine liée aux paradigmes inculqués par notre société, et le rôle de mère sacrificielle qu'elle nous impose. Alors, lorsque l'on sort du moule, elle vient vous rattraper, histoire de vous rappeler où est votre place. Et sa présence est quasi-constante afin de bien appuyer sur la plaie béante de vos responsabilités. J'ai donc décidé de faire cette douleur mienne en l'assumant.

Ce sentiment de culpabilité démarra dès le premier jour de ma nouvelle vie. Je ne pouvais pas m'arrêter de travailler. Comme si, en prenant un peu de temps pour me reposer, j'allais finir par m'empêtrer dans mon canapé.

À peine après avoir quitté mon poste chez Apple, il fallait absolument que je poursuive ma route. J'aurais pu me reposer, faire la grasse matinée, prévoir des déjeuners avec les copines, organiser une sortie avec la petite mais je n'en fis rien, sûrement pour ne pas trop penser et me dire que j'avais fait la plus grosse bêtise de ma vie en envoyant tout valser : mon CDI, mes avantages sociaux, mes tickets resto, mon plan d'épargne salariale et mes chèques vacances.

J'aurais pu quitter ma situation pour en rejoindre une autre tout aussi sécurisée. Mais ce n'était pas le but car je voulais créer de toutes pièces ma nouvelle vie professionnelle. C'était donc l'entrepreneuriat ou rien.

Je nous mis tout de suite dans nos nouvelles conditions de vie, sans culpabiliser de déposer la petite à la crèche alors que j'aurais très bien pu la garder avec moi à la maison. J'avais quand même pris 10 jours de vacances avec elle et sa sœur, donc le terme de « mauvaise mère » n'était pas approprié.

Quitter le Saint-Graal du contrat à durée indéterminé semble un acte irrationnel, inconscient et incompréhensible pour nombre de personnes. On nous a tellement répété que son obtention était le but ultime de notre vie et le seul choix à faire que s'en séparer semble incongru. Que faire alors lorsque le cadre du salariat ne convient plus ?

La culpabilité vient aussi du fait que l'on a l'impression aujourd'hui que le seul contexte sécuritaire pour une famille est que les deux parents soient salariés et tout va dans ce sens : si vous voulez un prêt bancaire pour une maison, si vous souhaitez louer un nouvel appartement, on vous demandera vos contrats de travail…

Alors, comment faire dans un monde où tout est régi par le même critère ?

On a l'impression de mettre en péril sa famille et son bonheur en ne voulant plus cocher cette case.

Il y a aussi ce sentiment de profiter du système. J'entends si souvent de la part de détracteurs que le chômage ne favorise que l'assistanat, que d'une certaine manière on peut avoir honte de s'appuyer sur lui pour lancer son projet. Mais ne pouvons-nous pas voir cela comme un droit obtenu grâce aux cotisations sociales, que nous payons au travers de nos salaires ? C'est une sécurité en cas de situation professionnelle défaillante et une opportunité de tenter l'aventure entrepreneuriale, non comme un privilège mais bien comme un dû acquis.

De nombreux nouveaux chômeurs culpabilisent de ce temps « libre », comme si le fait d'avoir un emploi était un dû social incontournable et que ceux qui ne cochent pas cette case devaient se sentir honteux. On en revient toujours à ces attentes d'une société dans laquelle la vie d'un individu se résumerait à son travail et où toutes périodes sans emploi sont des « accidents de la vie ».

À tout cela, je réponds qu'il s'agit d'une vision de la société auquel nous pouvons ne pas adhérer et qu'il suffit d'abolir ces idées préconçues et de ne pas les considérer comme allant de soi, pour éviter toute envie de se flageller.

La vie est une suite de choix, qui dépendent de soi et seulement de soi. Nous acceptons d'entrer dans un moule, au risque d'être malheureux, ou nous pouvons nous détourner de ces attentes extérieures pour définir une voie qui nous convient mieux et peut nous rendre heureux.

3

SE CONNAÎTRE ET SE RESPECTER //

> *« Quelle que soit la chose que vous pouvez faire ou que vous rêvez de faire, faites-la. L'audace a du génie, de la puissance, de la magie. Commencez dès maintenant. »*
>
> GOETHE

Phobie administrative

La phobie administrative : phénomène remis en lumière grâce au ministre Thomas Thévenoud, passé maître dans cet art et sujet de nombreux articles il y a quelques années. Néanmoins, cette peur est réelle et touche plus de personnes qu'on ne le pense.

Je fais partie de ces gens qui sont paralysés quand l'heure vient de traiter les tâches administratives. Pour moi, depuis des années, elles étaient synonymes de problèmes. Cela signifiait aussi payer : payer les impôts ou les factures en tous genres. Je bénis le prélèvement mensuel (avant celui à la source), je vénère les factures prélevées automatiquement via SEPA et j'adore la carte vitale et ses remboursements automatiques ! Il fallait malgré tout que j'apprivoise ce sujet, car la création de deux entreprises allait me demander d'être à l'aise avec le fait de gérer ces questions.

Cela est simplifié et limité avec la micro-entreprise, d'où ma facilité et ma rapidité à créer C plus Claire. L'entreprise est née montre en main en moins d'une demi-heure, et les obligations comptables étaient si minimes que je n'ai pas eu peur. Et vint la création de Pluche.

Je me suis assez rapidement orientée vers une SASU, société au capital minimum de 1 €, à responsabilité limitée et pour laquelle je pourrais être à terme salariée donc bénéficier de cette sécurité et des avantages sociaux du régime général. Et je pourrais récupérer la TVA.

Ces dernières lignes peuvent vous paraître très techniques, mais c'est pour vous montrer à quel point j'avais déjà bien analysé le sujet par mes propres moyens (je me répète, mais Internet est votre meilleur ami dans ce monde de brutes !).

J'avais rencontré plusieurs acteurs du monde associatif, des structures officielles comme la CCI, et j'avais le sentiment d'avoir collecté toutes les infos qu'il me fallait.

J'ai téléchargé un modèle de statuts de SASU sur un site sérieux et je me suis mise à le compléter… un mois après !

J'avais un blocage et je ne comprenais pas pourquoi je procrastinais autant sur le sujet alors que j'étais pressée de lancer mon activité de traiteur, que j'en parlais à qui voulait l'entendre et qu'il me tardait de tester mon projet.

Mais voilà, je n'arrivais pas à avancer, j'étais comme figée sur ces quelques pages à trous.

Aujourd'hui, avec le recul, je réalise que le mal était plus profond qu'une simple peur de monter un dossier purement administratif.

Ce syndrome de l'imposteur me jouait encore des tours et tentait inlassablement de me mettre des bâtons dans les roues ! Mais la pression du temps – la mise en place d'une date butoir – m'a été bénéfique. J'en avais trop parlé autour de moi pour me défiler.

C'est pour cela que le meilleur conseil que je puisse donner à des porteurs de projets est : Parlez-en !

La parole est un engagement et si vous n'avancez pas, la pression sociale autour de vous sera un booster à l'action.

Attention, parlez-en à des personnes bienveillantes, qui ne chercheront pas à vous stresser mais à vous encourager.

La procrastination est souvent un signal d'alarme. On a le sentiment qu'elle intervient par pure fainéantise, mais en réalité elle cache plus profondément un mal-être bien ancré. Il faut donc savoir prendre le temps de l'analyser et de révéler ce qui est sous-jacent à cette volonté de remettre au lendemain. Une fois l'explication mise en lumière, acceptez-la. Cette peur est sûrement le fruit de traumatismes du passé, cela ne sert donc à rien de vouloir lutter contre elle.

Et trouvez des solutions pour la contourner ou la rassurer, par exemple la scinder en micro-actions comme on l'a déjà vu avec la culture des petits pas (voir p. 47).

La deuxième solution est de se faire accompagner par des CFE (centres de formalités des entreprises) présents à la Chambre du commerce ou à la Chambre des métiers. Moyennant une centaine d'euros, ils vous accompagnent dans la constitution du dossier et peuvent s'occuper de certaines tâches d'enregistrement.

Des start-ups telles que Legal Start ou Novaa vous propose de tout gérer de A à Z, de la rédaction des statuts à la publication légale. Il faudra ici compter 500 euros pour déléguer complètement ce labeur administratif (gratuit si vous vous engagez avec certains cabinets comptables).

On peut donc envisager de ne pas mettre les mains dans le cambouis, surtout si cela est un frein à votre projet et génère des peurs chez vous. Cependant, il faudra malgré tout le faire tout au long de la vie de votre entreprise, donc autant s'y mettre dès le début !

S'écouter

Très souvent, construire un projet de grande envergure tel que le lancement d'une entreprise apparaît comme un sacerdoce. Le créateur, à l'initiative de cette dernière, estime qu'il doit donner le meilleur de lui-même, quitte à sacrifier ses heures de sommeil ou sa santé.

Il n'est pas très stratégique de penser ainsi, car l'engagement se fait sur le long terme, il faut donc tenir la distance et s'économiser. J'en ai pris conscience assez rapidement.

Franchir le cap de la reconversion après un burn-out et un coaching est le signal que l'on commence déjà à être un peu plus aligné avec soi-même.

Je fais ce que je crois être bon pour moi.

Je suis mes intuitions.

Je respecte mes envies.

Je ne vais donc pas m'arrêter en si bon chemin !

Il est essentiel que je m'écoute tout au long de ce début d'aventure pour que le chemin que je suis en train de tracer soit en lien avec ce que j'ai commencé.

Savoir ce qui est bon pour soi.

Cela commence par reconnaître que le corps et l'esprit ne sont pas en phase. J'ai très vite compris, et aussi à force de le lire dans tous ces livres sur la réussite, que l'entrepreneuriat n'est pas une course mais un marathon.

Donc les jours où je sens que la forme n'est pas au rendez-vous, je ralentis la cadence. Cela ne veut pas dire rester au lit toute la journée ou regarder des séries Netflix dans mon canapé, mais réaliser des tâches plus cool ou qui me procurent du plaisir. Ou bien lire un livre de développement personnel ou d'entrepreneuriat. Ou une séance de yoga ou de piscine pour me détendre. Enfin, vous avez compris l'idée…

S'écouter, c'est aussi savoir revenir en arrière ou changer de direction quand vous avez l'impression de vous tromper de route.

Les clients qui me demandaient de casser mes prix, les prestations de traiteur qui ne me permettaient pas de faire de la cuisine comme je l'entendais, toutes ces choses me faisaient sentir que je m'égarais et que je m'éloignais du projet que j'avais imaginé. Donc j'ai dit non. J'ai stoppé les partenariats qui ne m'épanouissaient pas.

Il est essentiel de fuir au plus vite un cadre qui ne convient pas. Le contexte de travail peut être nocif pour nombre d'entre nous, soit parce que l'entreprise dans laquelle vous travaillez ne vous communique pas les valeurs que vous attendez de votre employeur, soit parce que le statut de salarié vous contraint.

C'est le point essentiel que j'ai réalisé lorsque j'ai fait mon coaching en reconversion.

Le problème n'était pas mon métier de formatrice, que j'aimais profondément, mais le salariat, qui m'emprisonnait dans un cadre dans lequel je suffoquais. J'avais donc fait une énorme découverte sur ce que je ne voulais plus pour la suite.

Il est essentiel de savoir ce que l'on ne veut plus vivre autant que ce que l'on veut.

Prendre soin de soi

Ne pas oublier qu'un entrepreneur qui tombe malade ne fait plus rentrer de chiffre d'affaires et n'a pas d'arrêt de travail rémunéré… Donc mon corps ne doit pas ressentir de fatigue accumulée excessive et flancher ! Je prends soin de lui en prenant soin de moi.

Comme je l'évoquais précédemment, je suis très à l'écoute de mon corps et de mon énergie. Les moments de baisse de forme ne sont pas des moments perdus, puisqu'ils me permettent de prendre le temps de me ressourcer par le biais de différentes activités. Je n'hésite pas, par exemple, à m'accorder deux heures de lecture un matin difficile, sur un ouvrage en lien avec mon travail ou qui me permettra de développer mes compétences. C'est ainsi que j'ai lu quelques ouvrages de psychologie positive au démarrage de mon aventure.

Florence Servan-Schreiber et son livre *3 kifs par jour*[1] a été une des premières briques de cette nouvelle maison que je construis. Apprendre à voir la vie différemment, de manière plus positive et communiquer à mon entourage cette énergie nouvelle.

Pour la pessimiste renfrognée que je suis, ce n'était pas un pari aisé !

J'ai réalisé qu'absorber toutes les mauvaises ondes qui m'entourent et les répercuter à mes proches n'allait pas me conduire dans la direction que je souhaitais : un avenir heureux et serein.

Parmi les trucs et astuces de ces livres, on retrouve souvent la notion de PNL (programmation neurolinguistique), qui fait partie des nombreuses techniques permettant de reprogrammer les biais cognitifs qui peuvent nous handicaper en nous poussant à penser négatif.

La programmation neurolinguistique (PNL)

Cette approche imaginée dans les années 70 par deux Américains, John Grinder et Richard Bandler, a pour principe de se concentrer non pas sur le pourquoi d'un problème, mais plutôt sur la manière de le résoudre. Par une analyse comportementale, on peut retourner les mécanismes et représentations mentales,

[1] Marabout, 2019.

afin d'obtenir un effet positif sur l'esprit, par le biais du langage ou de la visualisation. Cette médecine alternative a trouvé de nombreux domaines d'application tels que la psychothérapie, le sport ou le management.

La méditation a été aussi d'un grand soutien les premiers mois afin de marquer une pause en période de grand stress ou de retrouver la sérénité avant de poursuivre à la maison le soir. Nombre d'entrepreneurs ont recours à cette activité, en pleine expansion dans un monde régi par la vitesse et les difficultés que cela génère. Dans ce tout numérique tourné vers la vie des autres, la méditation permet de se focaliser à nouveau sur soi, ses émotions et ses sensations, sans jugement.

Je me suis aussi testée au yoga, difficile à intégrer à mon quotidien du fait des horaires fixes des cours. Et la pratique en solitaire à la maison ne me satisfaisait guère en raison de la difficulté de certaines positions. J'avais besoin des conseils d'un maître yogi et ne pouvais en obtenir via une application.

La natation a été le meilleur compromis dans mon organisation, malgré le fait qu'il faille se motiver à y aller tôt le matin et à une certaine distance de la maison.

Un petit nouveau est arrivé dans ma routine : le podcast. Ce média très à la mode me permet à la fois de me divertir pendant mes nombreux trajets en transports, mais aussi d'être une source d'inspiration, écoutant les divers témoignages de porteurs de projet.

Trouvez donc ces activités qui vous font du bien, celles que vous arrivez facilement à caser dans votre agenda et qui vous procurent du bien-être. Ces instants ne sont que pour vous et vont vous permettre de tenir sur le long terme, ils sont donc indispensables.

Qu'elles soient sportives, créatives ou tout simplement de détente, il n'y a pas d'échelle de valeur. Tant que vous y trouvez votre compte et que vous en ressortez épanoui ou détendu, c'est le principal.

4

SE FORMER TOUJOURS, TOUT LE TEMPS //

« On se lasse de tout, excepté d'apprendre. »

VIRGILE

« Je n'ai pas le temps. » Je crois que c'est l'excuse la plus répandue que peuvent donner les personnes qui ne se forment pas sur un sujet dont elles auraient besoin.

Il apparaît pour certains que la formation soit facultative après la création d'une entreprise, ayant la sensation de « perdre leur temps » à acquérir de nouvelles compétences. Cela signifie donc que le jour où l'on se lance, on doit être opérationnel sur tous les aspects que l'entrepreneuriat implique.

Pour la plupart des gens, on passe donc par cette phase avant le démarrage du projet et cela retarde d'autant la date du lancement. Alors, pourquoi ne pas l'envisager tout au long de son aventure ?

Je pense que je n'ai jamais cessé d'apprendre, parce qu'à chaque métier réalisé, je n'avais pas les prérequis pour le faire. Mais j'ai eu la chance de rencontrer des personnes qui étaient prêtes à m'apprendre, me conseiller, me faire grandir.

Je suis ouverte à l'apprentissage. Il faut faire preuve d'humilité et savoir dire « ça, je ne sais pas ». Ce n'est pas simple à faire, il faut mettre son orgueil de côté, mais votre vie n'en sera que plus facile et plus riche.

Lorsque je me suis lancée, il y avait plein de domaines dans lesquels j'allais devoir progresser :

- créer une entreprise avec toute la partie administrative que cela réclame ;
- promouvoir son entreprise par le biais des réseaux sociaux et autres ;
- créer un site Internet avec un bon référencement pour générer du prospect ;
- comprendre la comptabilité ;
- créer du contenu pédagogique ;
- écrire et tenir un blog ;
- maîtriser les réseaux sociaux ;
- savoir pitcher…

N'ayant pas fait d'école de commerce ou d'études en marketing, j'étais à la fois curieuse et en difficulté sur ces sujets.

Mon syndrome de l'imposteur venait me titiller à ce propos et me faisait ressentir que je n'étais pas légitime dans mon rôle car je n'avais pas ces connaissances.

Qu'à cela ne tienne, j'allais les acquérir par mes propres moyens !

J'ai toujours été admirative de ces personnes autodidactes qui réussissent par le simple fait de leur détermination.

Car apprendre n'est que cela, de la détermination. Alors oui, sur certains sujets, cela demande des aptitudes et beaucoup de travail, mais la plupart du temps il ne s'agit que de volonté. N'est-ce pas ce que nous raconte le film *Will Hunting*?

J'y crois profondément et nous sommes nombreux à le démontrer chaque jour, et sans débourser le moindre euro – car oui, il existe des centaines de formations gratuites qui permettent de progresser.

Se former ne signifie pas forcément être assis dans une salle de classe, on trouve des milliers de formations accessibles en ligne. Et si vous ressentez le besoin d'avoir un professeur physiquement présent en face de vous, cela vous demandera plus de disponibilité et la nécessité de vous déplacer.

Le plus dur, c'est de trouver un moment parmi toutes les tâches et rendez-vous pour le faire.

Tout est question de volonté!

Le secret est de se bloquer un créneau, au moins de deux heures, dans le calendrier, comme si c'était un rendez-vous client. Bien sûr, il peut y avoir une urgence, un imprévu, qui obligent à ne pas le faire au moment prévu. Il ne faut alors pas le supprimer, plutôt le décaler à une autre heure ou jour, mais le garder visible dans l'agenda!

Une question à se poser par ailleurs est: doit-on apprendre seul ou en groupe?

Apprendre seul veut dire être seul face à son ordinateur ou livre, avec ses doutes et ses questions. Parfois une notion ne sera pas claire et ne trouvera malheureusement pas de réponse, ou l'approche ne vous correspondra pas. Il est donc impossible de poser des questions à son formateur ou à d'autres participants pour vous aider. On va par contre à son rythme, avec des phases plus rapides sur les choses faciles et plus lentes sur les points les plus complexes.

On peut aussi marquer autant de pauses que nécessaire. On sait que le cerveau humain n'est pas conçu pour se concentrer plus d'une heure trente. Donc si on a besoin d'une pause toutes les demi-heures ou heures pour être au maximum de son attention, on est libre de le faire.

Quand on démarre une formation de groupe, il y a quelque part un engagement plus fort, un contrat signé avec les autres participants, qui oblige à aller jusqu'au bout. On est tous allé en cours un jour, non pas parce que le professeur était passionnant, mais parce que l'élan du groupe vous poussait à le faire.

Avec des relations issues de mes réseaux, j'ai évoqué plusieurs fois de nous regrouper chez l'un d'entre nous, pour se former en groupe sur un sujet ou sur un autre. Juste être tous là dans le même but : nous former, et ressentir cette énergie collective d'un objectif commun.

Le groupe a aussi cet avantage de rassembler plusieurs personnes avec des compréhensions et des expertises différentes. Dans le cadre d'un sujet commun de formation, ce que l'un ne comprendra pas, l'autre pourra le soutenir par ses exemples ou son approche personnelle.

En raison de l'évolution du monde du travail rapide et incessante, il serait contre-productif d'imaginer que nos connaissances d'aujourd'hui seront l'expertise de demain.

Apprendre est donc un impératif pour tout porteur de projet ou créateur d'entreprise, quelles que soient ses compétences originales. Déléguer les tâches que l'on ne sait pas faire pourrait être une échappatoire à cela, mais avoir un œil avisé sur tous les aspects de la gestion d'une entreprise semble être une qualité inaliénable. Alors ne négligez pas le temps nécessaire à la formation, sinon ce temps vous rattrapera.

III

DÉMARREZ DU BON PIED //

Se lancer dans l'entrepreneuriat ne se fait pas du jour au lendemain, d'autant plus lorsque l'on projette de slasher. Envisager les premières étapes et définir le cadre sont les premiers pas à effectuer pour que le parcours soit le plus sûr possible.

1
TROUVER SES FINANCEMENTS //

« L'argent est préférable à la pauvreté, ne serait-ce que pour des raisons financières. »

Woody Allen

Je commence ici par parler d'argent car c'est le nerf de la guerre et c'est un des freins principaux pour toute personne qui souhaite changer de travail, encore plus lorsqu'il s'agit de monter son entreprise.

Il existe en réalité de nombreuses solutions de financement de son projet, plus ou moins contraignantes, de la rupture conventionnelle aux économies personnelles, en passant par un prêt bancaire ou une bourse extérieure.

Pour ma part, c'est grâce à Pôle emploi et aux indemnités chômage que j'ai pu lancer mes activités.

Je ne voulais pas me reposer sur mes lauriers avec ces indemnités, je souhaitais que mes entreprises et notamment celle de formation me rémunèrent. Je ne devais donc pas chômer, sans mauvais jeux de mots, et trouver clients et contrats rapidement. Si je faisais du chiffre d'affaires, mes indemnités seraient prolongées dans le temps.

Certaines situations personnelles sont plus favorables que d'autres pour se lancer. La mienne n'était pas catastrophique mais me demandait malgré tout de garder les pieds sur terre.

Je préfère vous préciser cela, car c'est une question qui m'a été posée. Et c'est vrai que c'est ce que je creuse à chaque fois que j'entends l'interview d'une femme entrepreneure qui a réussi. Quel est l'environnement de cette personne et est-il propice à faciliter le lancement d'une entreprise ?

Avant de vous lancer, renseignez-vous bien sur les aides auxquelles vous avez droit ou les congés et plans de formation qui pourront être utiles au démarrage de votre projet.

Les aides

- **Le congé sabbatique** permet aux salariés remplissant des conditions d'ancienneté et d'activité de suspendre leur contrat de travail afin de réaliser un projet personnel. La durée du congé est fixée par convention ou accord collectif d'entreprise (ou, à défaut, convention ou un accord de branche). À défaut de convention ou d'accord, la durée minimale du congé est de six mois et sa durée maximale est de onze mois. Le départ en congé fait l'objet d'une demande du salarié et d'une réponse de l'employeur respectant des contraintes de forme et de délai. L'employeur peut décider de reporter ou refuser le congé dans certaines situations.

- **Le congé individuel de formation (CIF)** a été remplacé depuis le 1er janvier 2019 par le CPF (compte personnel de formation) pour des formations courtes ou plus longues (CPF de transition).
- **L'aide individuelle de formation (AIF)** : dans le cas où les dispositifs de financements existants (ceux des collectivités territoriales, des organismes paritaires collecteurs agréés – OPCA...) ne peuvent pas prendre en charge votre projet de formation, partiellement ou entièrement, contactez votre conseiller Pôle emploi pour savoir s'il vous est possible de bénéficier d'une Aide individuelle à la formation qui contribuera au financement des frais pédagogiques de votre formation. L'Aide individuelle à la formation couvre l'intégralité du coût de la formation restant à votre charge, suite à l'intervention des autres financeurs. Elle est versée directement à l'organisme de formation. Dans certains cas, une aide à la mobilité prenant en charge vos frais de déplacement, de repas et/ou d'hébergement peut vous être attribuée pendant la formation. Rapprochez-vous de votre conseiller pour plus d'informations à ce sujet.
- **Le compte personnel de formation (CPF)** : permet d'acquérir des droits à la formation professionnelle, il a remplacé le DIF depuis le 1er janvier 2015 et a absorbé le CIF. Il permet aux employés en secteur privé de cumuler des heures de formation chaque année.

- **Le plan de formation – OPCA :** pour faire financer votre formation par les OPCA, il faut que celle-ci soit éligible au CPF (Compte personnel de formation). Il faut donc activer votre compte sur www.moncompteformation.gouv.fr. Une fois votre demande d'absence validée par votre employeur (qu'il peut refuser ou reporter), il faut envoyer votre dossier à votre OPCA.

Pour les auto-entrepreneurs, peu le savent mais ils cotisent à la formation donc détiennent les mêmes droits, à la différence qu'ils dépendent de fonds d'assurance formation (FAF).

Un auto-entrepreneur dont le chiffre d'affaires est de 0 € sur une durée de douze mois consécutifs ne peut pas bénéficier de la prise en charge de ses dépenses de formation.

Certains paramètres sont à prendre en compte pour éviter les mauvaises surprises. Par exemple, les aides de la CAF ne sont pas les mêmes pour les salariés et les chômeurs ou les indépendants.

Je connaissais les difficultés des indépendants concernant leur protection santé ou le congé maternité mais je n'avais pas imaginé que mes aides financières telles que les allocations familiales allaient en pâtir.

Des mauvaises surprises financières sont apparues au fil du temps. Je reçus un jour un courrier de la CAF m'indiquant que j'avais perçu des aides auxquelles je n'avais pas droit. Cela faisait deux ans que je touchais en effet une allocation pour la garde de ma dernière fille, en raison de mon congé parental.

Aujourd'hui, malgré mon entreprise qui démarrait et mes faibles revenus, je n'y avais plus droit.

On m'a donc demandé de rembourser le trop-perçu. J'étais endettée de plus de 500 € auprès de la CAF et malgré un recours, la décision fut sans appel, je ne toucherais plus cette aide et je devais leur rembourser cet argent.

Il serait sûrement plus simple d'homogénéiser les aides en ne distinguant pas les travailleurs par leur statut mais en fonction de leur revenu. Le système n'est pas prévu ainsi aujourd'hui. De la même manière, les indemnités chômage sont déterminées sur la base de vos dernières fiches de paie. J'étais encore en congé parental quand j'ai quitté mon dernier poste, donc je touchais 80 % de mon salaire d'origine. C'est sur ce chiffre que l'administration s'est basée pour calculer ce que j'allais toucher pendant deux ans. Autant vous dire que la perte est non négligeable.

Prenez donc en compte tous ces paramètres pour calculer vos besoins financiers et les éventuelles rentrées financières sur lesquelles vous comptez au lancement de votre projet. Des changements d'attribution de certaines aides pouvant être modifiés au cours de votre projet, prévoyez toujours un plan B pour pouvoir continuer de le financer en cas de besoin.

2

GÉRER LA SOLITUDE //

« Il n'éprouvait aucun sentiment de solitude car il n'avait jamais pensé qu'il avait besoin des autres. »

Éric-Emmanuel Schmitt,
La part de l'autre

On lit souvent dans le témoignage de jeunes entrepreneurs freelance que la solitude est un des paramètres les plus durs à gérer. La socialisation dans le cadre du travail est un élément important de la construction individuelle à l'âge adulte. Sortir de ce cadre isole les travailleurs. Cependant, l'augmentation importante ces dernières années du nombre de freelance a aussi modifié et diversifié les contextes professionnels pour répondre à de nouvelles attentes.

Je pensais même que c'était ce que j'allais préférer dans ma nouvelle position, mais je me suis rendu compte que j'avais confondu autonomie et solitude. J'imaginais que l'indépendance pour organiser mon temps et cette liberté de faire ce que je veux de mes journées allaient surpasser ce sentiment d'isolement que confère le statut. Rapidement, le fait de ne pas pouvoir échanger avec mes collègues allait créer un manque.

La création de mon entreprise de traiteur, plus compliquée que prévu, m'a renvoyée à tous mes doutes, mes angoisses et surtout ma solitude face à ces problématiques. Personne à qui en parler, personne à qui me confier. Comment est-ce possible, dans cette période faste pour les réseaux sociaux et les rencontres en tous genres, de se sentir aussi seule alors que nous sommes des milliers dans cette ville à choisir ce statut d'indépendant ?

Sortir de chez soi pour travailler

Les espaces de coworking pullulent un peu partout dans les grandes villes. On peut distinguer deux types : les espaces café coworking, où les travailleurs s'installent à leur guise, et les espaces de coworking pour résidents, plus sédentaires.

Ces espaces hybrides, mi-bureau mi-café, m'ont rapidement fait de l'œil pour contrecarrer les effets du travail à la maison. Le « solopreneur » peut en effet vite ressentir une certaine lassitude à confondre lieu de vie et lieu de travail. Trop facile de procrastiner quand on a une lessive à lancer ou une émission intéressante à la télévision !

Et puis le lien social entre vite en jeu : croiser des humains, les voir travailler, boire un café à la machine avec d'autres personnes, en gros la vie en entreprise retrouvée ! C'est la belle promesse de ces lieux.

J'ai côtoyé un lieu de coworking qui n'accueille que des temps pleins ou partiels, donc une quarantaine de personnes qui se voient régulièrement, avec un espace cantine commun et des « afterworks » organisés régulièrement.

Ils ont un Slack[1] pour toute la communauté, sur lequel sont échangés événements, astuces ou écharpe rouge perdue.

Cependant, dans la plupart de ces lieux je n'ai pas rencontré une réelle volonté de créer du lien entre les personnes. Elles viennent travailler dans un autre lieu que leur domicile, dans un espace cosy qui leur offre le café. Peu d'entre eux proposent des contextes de rencontres et d'échanges.

Les espaces de coworking sont pour moi le miroir d'un paradoxe. Des centaines de personnes viennent dans ces lieux pour sortir de leur solitude du travail à la maison, et s'isolent dans un lieu de partage.

Est-ce la vie citadine qui veut cet individualisme latent ou est-ce notre époque ? Je ne sais que répondre.

Si vous cherchez juste un lieu pour travailler et sortir de votre quotidien, les espaces de coworking peuvent faire l'affaire, mais si vous souhaitez des relations humaines, ils ne rempliront pas forcément ce rôle.

Des applications tiennent cette promesse de création de lien social et professionnel. Shapr, avec ses deux millions d'utilisateurs, est une des applications de réseautage les plus connues en France. Son concept : rapprocher des profils à la manière d'une application de rencontre amoureuse. Ces rendez-vous peuvent être de simples appels téléphoniques, café ou déjeuner, et verre après le travail. C'est un bon

1 Une application de communication destinée aux entreprises pour remplacer l'envoi de mails.

moyen de rencontrer de nouvelles personnes, d'échanger et de créer des partenariats.

Personnellement, ces différentes solutions ne m'ont pas convenu. J'ai donc créé mon propre moyen de faire des rencontres : un groupe Facebook qui s'appelle les Mumpreneuses. Nous nous rencontrons une fois par mois pour déjeuner et nous échangeons nos bonnes pratiques et bons plans sur la page du groupe. Nous parlons de parentalité et de comment combiner vie professionnelle et vie personnelle, gérer la culpabilité ou répartir au mieux nos tâches du quotidien et celles du travail. Je les challenge aussi sur leurs objectifs de la semaine, nous partageons nos événements professionnels ou encore échangeons nos pages de réseaux sociaux.

La solitude n'est donc pas inéluctable lorsque l'on est travailleur indépendant. Et il faut même à tout prix la fuir car les échanges humains et l'environnement sont des sources d'inspiration inépuisables et indispensables au développement de votre projet. Choisissez donc la forme qui vous convient le mieux avec le degré d'investissement social dont vous avez besoin et dont vous vous sentez capable. Mais sortez et faites des connexions !

Travailler seule

Lorsque l'on se lance dans l'entrepreneuriat, on n'envisage pas forcément de recruter des personnes dès le début. Pour pallier la solitude, il existe différentes solutions. Travailler seule ne veut pas dire travailler en solitaire.

Un jour, un message sur Facebook me l'a fait réaliser. Une jeune femme prénommée Mathilde souhaitait m'envoyer sa candidature spontanée pour un poste de graphiste. Je lui répondis donc gentiment que j'étais tout d'abord une entreprise de traiteur, travailleur indépendant. Je trouvais cela drôle que la première personne à me contacter pour un emploi soit une graphiste, comme un signe du destin qui me ramenait à mes premières amours. Dans mon secteur, je m'attendais plutôt à être approchée par des commis, chefs de partie ou serveurs. Je pris cela pour un signe : c'était officiel, j'avais monté une société qui, potentiellement, dans un futur plus ou moins proche, emploierait des gens. C'était à la fois angoissant et stimulant de se projeter dans une situation que je n'avais pour l'instant pas vraiment imaginée. Mathilde m'avait ramenée à ma propre solitude.

Je pense que c'est la raison pour laquelle j'ai remis en question assez rapidement le business model de Pluche. Il me manquait des échanges avec d'autres êtres humains et il fallait que je trouve un contexte qui me permettrait de travailler en collaboration.

La question d'un associé apparaît également très rapidement dans la définition d'un projet entrepreneurial. L'image de l'entreprise dépend de la qualité de son travail et de son engagement. Il ne faut donc pas se tromper et trouver une personne avec une vision commune à la vôtre. Comment savoir si le tandem va fonctionner ? Faut-il s'associer avec un inconnu ou au contraire une personne proche ?

Pour ma part, j'ai décidé de démarrer seule, tout en étant consciente de la plus-value apportée par une autre personne : échanger, évoluer différemment, déléguer certaines tâches…

C'était aussi l'intérêt et l'enjeu : acquérir de nouvelles compétences, car avoir toutes les casquettes nécessite d'apprendre de nouvelles choses.

Le cadre des couveuses et des incubateurs peut aussi être envisagé si vous souhaitez garder un espace de collectivité, dans lequel vous serez par ailleurs accompagné. Ces lieux vous obligent une régularité et un suivi qui peuvent s'avérer intéressants pour les personnes qui ont tendance à papillonner ou ont besoin d'être rassurées.

De la même manière, il existe des coopératives d'entreprises, les SCOP, qui font de vous des entrepreneurs-salariés-associés et vous guident sur les premières années de votre activité.

Société coopérative participative (Scop)
Une Scop ou société coopérative participative est une société dans laquelle le salarié devient un associé. Certaines forment des regroupements d'entrepreneurs, les coopératives d'activités et d'emplois (CAE), afin de mutualiser des services et d'aider les entreprises au démarrage de leur activité. Le salarié devient associé en règle générale au bout d'un an et prend part aux décisions dans le cadre d'une assemblée.

Certaines start-ups telles que Malt vous proposent leur service d'apporteur d'affaires, jouant l'intermédiaire entre le client et le prestataire. Elles ont vite réalisé que les indépendants avaient besoin de mutualiser des services et surtout étaient en attente de lien social. La plupart organisent donc aujourd'hui des soirées et des petits déjeuners thématiques, afin de rassembler et de créer un espace de rencontres.

Il ne faut donc pas sous-estimer ce paramètre du travail en solitaire et du vide que cela peut provoquer. L'être humain est un animal sociable qui a besoin de s'entourer même s'il peut parfois s'avérer être un loup solitaire. Ne négligez pas ce critère dans votre réflexion sur la mise en œuvre de votre projet et envisagez les solutions qui pourraient vous convenir.

3

SAVOIR BIEN S'ENTOURER //

« Détournez-vous de ceux qui vous découragent de vos ambitions. »

Mark Twain,
Les aventures de Huckleberry Finn

Lorsque l'on se lance dans un projet, encore plus lorsqu'il est atypique, il est important d'évoluer dans un environnement positif. Les personnes avec qui l'on travaille ou parle de notre dessein doivent être dans une posture qui vous aidera à avancer et être aptes à entendre vos idées. Une sélection stricte est importante dès le début de la réflexion.

Travailler avec autrui nécessite d'avoir évalué ce que l'on attend de son binôme. Dans quelle mesure ce partenariat va m'aider à développer mon activité et qu'est-ce que l'autre va m'apporter ? Il s'agit donc de définir rapidement les attentes de chacun pour que tout le monde soit gagnant et dans quel cadre le travail à deux peut se concrétiser.

Savoir bien s'entourer, c'est aussi fuir les personnes négatives.

Nous avons assez de peurs et de freins personnels sans que d'autres viennent en rajouter. Je ne dis pas qu'il ne faut pas écouter les arguments des personnes qui sont en désaccord avec vous, cela fait toujours avancer un projet. Mais celles qui vous montrent toujours le verre à moitié vide, fuyez-les ! Parlez de vos projets avec des personnes prévenantes qui sauront vous dire, sans tout détruire, leur vision des choses.

Une personne que je côtoie dans une de mes missions freelance, Lucile, m'a dit un jour qu'elle définissait un cadre à certains échanges. Quand elle veut parler de son projet avec son entourage, sans être bombardée d'ondes négatives, elle leur dit dès le départ : « Je vais vous parler de mon projet, mais je ne veux pas avoir votre opinion dessus. » Elle sait qu'elle n'est pas prête psychologiquement à entendre ce qu'ils ont à dire donc elle le verbalise.

C'est une bonne astuce pour ne pas se refermer sur soi le temps de la réflexion et ne pas être fragilisé par des opinions extérieures.

Les réseaux

J'ai vite réalisé que pour lutter contre la solitude et surtout faire connaître mes entreprises, il fallait intégrer des réseaux professionnels. Toutes les formes étaient à tester.

Mon premier essai fut celui des Meet-up. Ces réunions d'information sont très intéressantes pour se former et m'ont permis de faire la connaissance de celle qui deviendrait ma comptable pour Pluche. Cependant, ceux que j'ai côtoyés n'étaient pas spécialement axés sur la rencontre entre les participants. Il faut donc bien sélectionner le contexte et le sujet de vos Meet-up pour qu'ils vous permettent d'échanger avec les personnes présentes.

Il y a aussi la possibilité de participer à des petits déjeuners, déjeuners ou afterworks dans certains cercles. Les rendez-vous du matin sont pour moi les plus faciles à ajouter dans le planning mais ils sont généralement de courte durée, chacun devant se rendre à son travail par la suite. Le contexte du déjeuner est aussi très chronométré, mais peut être très convivial et enrichissant sur des petites tablées. Les afterworks ont cet avantage de pouvoir durer plus longtemps. Le cadre d'un bar aide à l'échange et à la communication avec beaucoup de participants. Ils ne sont pas contraints par le temps de la même manière, mais ne coïncident pas personnellement avec mon organisation familiale.

Il existe par ailleurs les réunions du BNI, qui sont parmi les plus répandues dans le monde professionnel.

BNI

Le Business Network International, venu des États-unis, est un rassemblement d'entrepreneurs qui ont pour but de signer des contrats grâce à des recommandations et de générer du chiffre d'affaires.

Pour intégrer ces groupes, il faut être invité par l'un de ses membres. Votre entreprise ne doit pas faire concurrence à un cotisant déjà présent dans le groupe. Les rencontres se déroulent une fois par semaine à 7 h 15 du matin.

Les absences doivent être palliées par des remplacements.

Certaines activités sont plus faciles à recommander que d'autres. Ainsi, il vaut mieux intégrer un groupe qui connaît votre métier et pourra en parler. Pour ma part, mon statut de slasheuse ne convenait pas à ce contexte puisque je n'avais pas le droit de présenter l'ensemble de mes activités. En choisir une était pour moi comme choisir entre l'un de mes enfants, juste impossible. Mais quelques groupes font preuve de souplesse sur ce point. La contrainte de régularité et de travail à fournir m'a également dissuadée d'intégrer l'un d'entre eux, même si je reste persuadée que cette solution peut être très efficace au développement d'une activité.

Une rencontre au Salon des Entrepreneurs m'a encouragée à aller à la rencontre d'un réseau d'entrepreneures au féminin. Ma conclusion fut la même : être slasheuse posait problème au sujet de l'accompagnement du projet par ces associations. Elles ne pouvaient me suivre et me guider que sur une seule de mes activités.

En parallèle, j'ai rejoint des groupes Facebook liés à l'entrepreneuriat et en particulier celui au féminin, des groupes de freelance, des groupes de micro-entrepreneurs. Les réseaux sociaux sont une force aujourd'hui et il ne faut surtout pas les ignorer. J'appartiens à plus d'une dizaine de groupes Facebook et cela permet de se faire connaître et de promouvoir son activité, de capter des informations, comme l'événement à ne pas manquer ou les changements administratifs liés à la législation. Ils permettent une visibilité non négligeable si vous prenez le temps d'échanger au minimum sur les groupes. Facebook n'est pas le seul support d'échanges : Instagram et LinkedIn ont des publics différents, qui peuvent être plus adaptés selon le domaine d'activité que vous exercerez.

Les partenariats

Les partenariats sont essentiels au développement de sa marque ou pour se faire connaître plus vite, au travers de compétences extérieures qui doivent par ailleurs être alignées sur les valeurs que l'on veut communiquer.

À l'instar de la sélection d'un associé, les partenaires doivent être en accord avec vos envies et vos messages. Il est important de rester à l'écoute de chacun des membres afin de contrôler cette synchronisation permanente.

Je l'ai donc rapidement envisagé pour Pluche, mon activité de traiteur, car je ne pouvais pas gérer la totalité de la chaîne et en particulier la livraison. J'ai donc fait le tour des start-up du secteur et échangé avec Stuart, qui me paraissait avoir la meilleure proposition commerciale. Je voulais un partenaire à l'image de Pluche, écoresponsable, donc favorisant les livreurs à vélos. J'ai aussi cherché du côté des fournisseurs de matières premières avec des circuits courts.

La remise en question de mon orientation de clientèle m'a incitée à faire appel aux services d'une jeune entreprise que j'avais rencontrée quelques mois plus tôt. Cette start-up communiquait sur des valeurs qui me plaisaient : entreprendre au féminin, donner sa chance à des femmes pleines de talents mais qui s'ignorent, intégrer par le travail une communauté étrangère.

Pour mon activité de formatrice, le premier partenaire a été un centre de formation. Il avait l'avantage d'être référencé Datadock, c'est-à-dire de pouvoir faire financer les formations par les OPCA et donc rentrer dans le plan de formation continue des entreprises, qui est indolore financièrement pour celles-ci. J'allais donc pouvoir enfin proposer mes services de formation en entreprise sans avoir à me battre pour les motiver à sortir l'argent de leurs poches !

Datadock

Datadock est le nom d'une base de données référençant les organismes de formation respectueux de critères de qualité déterminés par les OPCA et OPACIF, et conformes à ceux définis par le Code du travail depuis le décret de juin 2015. Seules les formations assurées par ces centres de formation agréés peuvent prétendre au financement par des aides de l'État.

Les partenariats découlent souvent des rencontres ou des réseaux existants. L'un ne va pas sans l'autre. Nourrir ses relations et son entourage professionnel est donc le chemin le plus court pour trouver les perles rares qui vont pouvoir vous accompagner dans votre aventure. C'est un travail quotidien de présence sur les réseaux sociaux et aussi de sorties, qui en apparence vous font perdre du temps effectif, mais qui en réalité ouvrent des opportunités pour vous faire connaître et rencontrer les bonnes personnes. Alors ne vous en privez pas !

Les recommandations

Le principe est simple : une personne qui vous connaît ou qui a entendu parler de vos services peut en parler à son entourage. Qu'elle ait bénéficié de vos prestations ou non, celle-ci va étendre votre clientèle potentielle.

C'est pourquoi il est très important de parler de votre activité, même si vous considérez que le contexte n'est pas approprié. Il n'est pas nécessaire d'être dans un événement professionnel pour parler travail, on le voit bien lors de soirées. Quelle est la première question que l'on pose à un inconnu avec qui on fait connaissance ? « Que fais-tu dans la vie ? »

J'ai appris assez vite que se faire connaître, même auprès de personnes qui ne sont pas des clients potentiels directs, vous permet de tisser une toile qui vous rendra service. Mon salon de manucure et mon coiffeur sont devenus d'excellents fournisseurs de contacts – mon réparateur de téléphones aussi.

Mes anciens collègues ont aussi été d'importants contributeurs. Je propose un service qui n'existe pas dans leur boutique, une formation personnalisée à domicile. Certains ont donc eu la gentillesse d'orienter les clients vers mon site.

Et puis tous les réseaux auxquels j'ai participé physiquement ou virtuellement ont été d'excellents terrains de jeux pour diffuser au plus grand nombre mes différents métiers. Pour le coup, mon profil de slasheuse atypique m'a été d'un grand soutien car les personnes à qui je parle ont tendance à se souvenir de moi. Alors c'est sans aucun scrupule que j'insiste sur ma particularité.

La source idéale de recommandation est un client qui apprécie vos services et qui en parle autour de lui. Généralement, cela fait un effet boule de neige. J'ai de cette manière acquis de nouveaux clients qui avaient entendu parler de moi. En plus d'obtenir de nouveaux contrats, on ressent cette satisfaction de la mission accomplie d'un client content et promoteur.

Verbalisez cette demande à vos clients quand vous les connaissez un peu. Souvent, ils ne pensent pas à parler de vous, persuadés que votre agenda est déjà plein et que vous n'en avez pas besoin. Le fait de dire « N'hésitez pas à parler de mes services ou à mettre un avis sur ma page Facebook » les incitent à le faire. Lorsque vous publiez quelque chose sur les réseaux sociaux, c'est la même chose, demandez à votre réseau de vous aider en partageant de leur côté votre publication.

Soyez donc à l'écoute de vos intuitions et ouvert à la communication. Un projet ne se monte jamais seul même si vous décidez de travailler seul. Soyez donc proactif en rencontrant des acteurs de votre secteur ou de votre ville. Il n'y a pas de chance dans la vie, seulement des actes qui l'ont provoquée.

4

CONCEVOIR SON ORGANISATION QUOTIDIENNE //

« Quoi de plus luxueux que le temps retrouvé. »

Perla SERVAN-SCHREIBER

Dans l'imaginaire collectif, être entrepreneur signifie passer des journées de 15 heures minimum à travailler, ne plus voir sa famille et devoir tout gérer. Dit comme ça, cela ne fait pas rêver. Pour moi, être entrepreneur, c'est avant tout synonyme de liberté, donner libre cours à son imagination et créer un produit à partir de zéro. Pour que cette aventure se passe au mieux, il faut bien avoir en tête l'objectif que l'on souhaite atteindre. Définir ses priorités et un cadre sera donc essentiel pour garder le cap sans se laisser déborder.

Avoir conscience de ses priorités

Certains vont vouloir que leur vie tourne autour de leur travail, d'autres de leur passion pour le sport ou le chant, et certains parents auront pour principale préoccupation leur progéniture. Il n'y a pas de bonnes ou de mauvaises réponses, cela relève d'un choix personnel dont on doit avoir conscience.

Parce que tout est question de priorité, les miennes ont été revues de façon radicale autour de ma famille. Ma journée et son organisation sont assez simples : elles sont régies par les horaires de la crèche, donc je ne commence pas avant 8 h 30 et je ne finis que rarement après 18 h 30.

Nous aurions pu, comme beaucoup de couples, déterminer un parent du matin et l'autre du soir, mais je ressentais au démarrage de mon activité une sorte de culpabilité envers mon compagnon à lui imposer cette contrainte, alors que mon emploi du temps était plus souple et plus léger que le sien. Je me chargeais donc la plupart du temps d'accompagner la petite à la crèche et d'aller la chercher vers 17 h 30.

Ne pas travailler 12 heures par jour était devenu mon nouveau mantra. Et vous pouvez me croire, aujourd'hui encore, je continue de le respecter ! Alors oui, ça peut m'arriver d'avoir de très longues journées lorsque j'ai une grosse prestation traiteur et que je dois sortir 400 bouchées seule. Mais en dehors de cas exceptionnels comme celui-ci, je ne l'ai jamais fait lors de cette première année de slasheuse. Et surtout, je ne compte pas m'y mettre !

Tout est question de l'endroit où vous mettez le curseur de votre réussite. Certains voudront la célébrité, d'autres la richesse, d'autres encore organiser une levée de fonds dans les six premiers mois.

Pour ma part, ma décision a été vite prise : ma priorité est donnée à ma famille. Auparavant, j'avais une vie professionnelle qui me contraignait à faire un choix entre une vie de famille et une carrière. Cela, je n'en veux plus !

Je pense que nous pouvons avoir les deux, mais cela implique d'inventer son cadre et son environnement de travail. Définir ses priorités ainsi que les lignes rouges à ne pas franchir sont donc les deux questions à se poser, car ce sont elles qui vont guider par la suite la stratégie à mettre en place et les règles qui devront être respectées.

Les vacances et les week-ends

Lorsque l'on est entrepreneur, la notion de temps devient floue et l'idée du repos inconcevable, comme si l'on devait bannir les mots vacances ou week-end de son vocabulaire. À l'instar du sportif, il est selon moi erroné de ne pas envisager des temps de repos.

J'ai eu le plaisir un jour de retrouver Marjorie, une coach en reconversion professionnelle qui m'avait aidée par le passé. Nous étions toutes deux présentes à un déjeuner de réseautage entre femmes. Dans le flux de conversations qui ont eu lieu, le sujet des vacances a été abordé. Marjorie m'a étonnée lorsqu'elle nous a dit qu'elle prenait au moins 10 semaines de vacances par an. Je ne m'attendais pas à un tel chiffre ! Car on parle souvent des entrepreneurs qui au contraire ne prennent pas de vacances ou seulement une pause estivale de deux ou trois semaines maximum.

Elle nous tenait le discours inverse de la nécessité de se reposer et de se ressourcer pour rendre son activité pérenne et surtout de ne pas se tuer à la tâche !

Une phrase venait faire écho avec ses propos : l'entrepreneuriat n'est pas un sprint mais un marathon. Elle incarne la résilience et la patience dont doivent faire preuve les créateurs d'entreprise. On lit aussi entre les lignes cette notion d'effort, qui comme pour un athlète doit être mesuré, dosé avec intelligence. Rien ne sert donc de courir comme un lièvre, mais bien au contraire il faut savoir fournir l'énergie nécessaire avec parcimonie.

Je n'ai ainsi aucun scrupule à ne pas travailler le week-end, qui est un temps familial que je consacre à mes proches et à mon repos.

Il en va de même pour les vacances, planifiées bien sûr pendant les deux mois d'été durant lesquels je consacre un mois complet à me ressourcer et à profiter des miens, mais aussi plusieurs semaines dans l'année, souvent en périodes de vacances scolaires pour accorder du temps à mes filles.

Alors, oui, ce sont des jours en moins pour le chiffre d'affaires global, mais qui contribue fortement à ma résistance dans le temps et à ma créativité, car ces moments sont prolifiques pour mon cerveau, et sont bénéfiques au développement de nouvelles idées.

Ne négligez donc pas ces moments de repos, qui ne sont pas des pertes de temps mais bien des zones durant lesquelles le corps et l'esprit se ressourcent, afin d'être encore plus performant et créatif à votre retour.

La charge mentale

La charge mentale a été identifiée pour la première fois par la sociologue Monique Haicault en 1984 et se définit par le fait de devoir penser simultanément à des choses appartenant à deux mondes séparés physiquement, comme l'environnement du travail et celui de la maison.

J'ai pas mal travaillé sur cette notion dès le démarrage de mes activités. En effet, la création d'entreprise induit une chose que l'on ne comprend que lorsque l'on se lance à son compte, c'est le fait de penser business partout et tout le temps. Vous n'avez plus cette frontière de la porte du bureau où on peut laisser toutes ses obligations de la journée. Tout se mélange et se confond.

Donc mes idées peuvent survenir à 7 h pendant ma douche, comme à 22 h 30 devant ma série !

Et à cela viennent s'accumuler les tâches du quotidien comme l'inscription à la cantine de la petite ou le chèque du cours de danse à faire pour la grande !

La première astuce que j'ai trouvée pour cela était de vider ma tête de toutes ces obligations triviales. Mon smartphone est devenu mon meilleur ami et assistant en me libérant l'esprit de ces banalités. J'utilise deux applications pour m'aider : l'application Rappels de mon iPhone pour les tâches personnelles et Microsoft To do pour les actions professionnelles.

Soyons honnêtes, il est rare dans la journée que je n'aie pas mon téléphone à proximité ou dans la poche. Il est donc aisé de le sortir dès qu'une action nécessaire de ma part me vient à l'esprit.

Certaines personnes attendent la fin de la journée pour faire l'état des lieux des choses qui leur restent à faire le lendemain. Je ne trouve pas cette technique efficace car nombre de fois je me suis retrouvée à me flageller d'avoir oublié une idée qui m'était venue dans la journée et que je n'avais pas notée.

Par ailleurs, je n'accepte plus de penser pour les autres. Par exemple, lorsque mon conjoint me dit « tu me feras penser à faire ceci… », je dis non et je l'invite à le noter dans une application qui fera très bien le travail. J'ai ainsi fait gagner en autonomie ma grande fille en lui déléguant certaines tâches qu'elle m'aurait gentiment demandé de faire auparavant. Savoir dire non et déléguer sont de bonnes solutions pour alléger votre « to-do list ». Tim Ferriss nous le fait comprendre assez rapidement dans son livre *La Semaine de 4 heures*[1] : toute chose qui n'est pas essentielle à notre travail doit être éliminée ou faite par quelqu'un d'autre.

Les carnets peuvent aussi être une bonne alternative afin de répertorier informations, recherches ou listes de tâches à accomplir. Il est conseillé pour la phase d'idéation et de création de coucher les idées sur le papier. Cela favorise la réflexion et sa concrétisation. Le problème pour moi avec un carnet est sa grande précarité : il peut être perdu, volé, brûlé, noyé. Aucune sauvegarde automatique possible sur un stockage secondaire ou dans le *cloud* pour sauver les données accumulées en cas de destruction ou de perte. Vous imaginez le drame ?

Je ne suis pas prête à prendre ce risque. Les applications que j'utilise sont toutes synchronisées de manière instantanée, sans que j'aie à m'en préoccuper… Encore une charge mentale éliminée !

---

1 Éditions Pearson, 2010.

Le cerveau humain, il faut le savoir, n'est pas fait pour stocker les informations à l'origine, il est là pour créer. Donc pourquoi l'encombrer de sujets inutiles ou futiles alors que certains objets font très bien le travail ?

Planifier, organiser, prioriser

Lorsque vous êtes cheffe d'entreprise et a fortiori slasheuse, l'organisation est un vaste sujet. En dehors du fait que l'on doit gérer la vie professionnelle et personnelle, la charge de travail oblige rapidement à trouver des stratégies et des outils qui seront des soutiens sans faille.

Idéalement, j'essaie de répartir comme ceci mon emploi du temps : le lundi, le mercredi et le vendredi je suis formatrice ; et le mardi et le jeudi, je suis traiteur-cheffe à domicile. Sur le papier, c'était tout à fait envisageable étant donné que le business model de Pluche était de la livraison le soir. Néanmoins, lorsque je suis devenue traiteur événementiel, je me suis retrouvée face à des clients qui ne recherchaient pas exclusivement des prestations sur ces jours précisément…

Je conserve malgré tout ces deux journées pour toutes les tâches annexes de Pluche, en plus du temps imparti pour les prestations de traiteur, tout en respectant les formations déjà planifiées.

Savoir rester souple, s'adapter aux besoins des clients, tout en respectant un cadre qui permet l'équilibre entre mes activités n'est pas chose facile mais cela est nécessaire. Il a fallu s'armer de beaucoup d'outils et de méthodes de productivité pour que tout ce petit monde cohabite.

Je suis quelqu'un d'organisé. J'ai géré des planifications d'équipes dans mon ancien métier et j'ai été responsable de formation de mon magasin lors d'une mission de plusieurs mois. Je sais donc à quel point les outils mis en place sont importants.

L'ouvrage qui m'a sûrement ouvert le plus les yeux sur ma marge de progression est *Quand?* du docteur Michael Breus[1] : il développe le sujet de la chronobiologie et démontre l'importance de respecter son biorythme personnel afin d'optimiser son temps de travail et sa productivité. J'ai donc commencé à appliquer ses préceptes.

Chronobiologie

La chronobiologie se fonde sur des études des biorythmes, c'est-à-dire des cycles naturels chez les êtres vivants, régis par le soleil mais aussi par nos hormones. Le Dr. Breus nous explique dans son livre *Quand?* que cette «horloge biologique», malmenée par nos progrès techniques, doit être écoutée et suivie pour nos tâches du quotidien. Il a créé 4 chronotypes, définissant pour chacun les horaires idéaux pour chaque activité.

J'ai testé par ailleurs plusieurs applications pour comprendre quels seraient les incontournables dans ma gestion. J'ai identifié trois paramètres à organiser : les mails, les tâches et les rendez-vous.

---

1 *Quand? Faites votre révolution chronobiologique et réalisez pleinement votre vie*, Éditions Belfond, 2017.

Les mails

Avoir deux entreprises signifie gérer deux adresses mails distinctes. J'ai commencé en les intégrant à mon application Mail dans laquelle je consulte déjà mes adresses personnelles. Comme j'ai l'habitude du logiciel Mail Apple et que je connais sur le bout des doigts ses fonctionnalités, j'ai fait l'économie d'une formation sur un nouvel outil. Choisissez donc un logiciel familier pour ne pas perdre de temps sur cette tâche quotidienne.

Cependant, je n'avais pas pensé à un problème : avoir ses mails professionnels et personnels mélangés vous incite à regarder le personnel quand vous êtes censés travailler et, inversement, les mails professionnels quand vous êtes en repos… J'ai donc décidé assez rapidement de séparer les deux en adoptant une autre application mail pour le travail qui m'apporterait par ailleurs des fonctionnalités qui me manquaient, comme programmer des envois de mail ou créer des modèles types de réponses.

J'ai trouvé mon bonheur avec une application gratuite dénommée Spark. Elle est de plus disponible sur ordinateur et sur smartphone, qualité indispensable pour un travail nomade comme le mien.

En m'inspirant de la méthode GTD de David Allen[1], je classe mes mails aussi bien personnels que professionnels de la manière suivante :

[1] David Allen, *S'organiser pour réussir, La méthode GTD ou l'art de l'efficacité sans le stress*, éditions Leduc, 2015. Titre original : *Getting things done*.

- Je collecte les mails de ma boîte de réception en faisant le tri entre ce que je garde et ce que je peux supprimer tout de suite.
- Je les trie selon leur urgence dans le temps dans des dossiers à traiter nommés AUJOURD'HUI, SEMAINE, MOIS. Les autres peuvent être directement archivés ou mis dans un dossier de référence pour les informations qui peuvent me servir à un moment donné.
- Pour les mails classés dans AUJOURD'HUI, auxquels je peux répondre en moins de 2 minutes, je le fais tout de suite. Les autres seront traités au moment dédié aux mails.
- Une fois le mail répondu, il est mis dans un dossier EN ATTENTE si une réponse est attendue ou archivé si le sujet est traité.

J'essaie au maximum de ne consulter mes mails que deux fois par jour maximum et j'aimerais réussir à ne le faire à terme qu'une seule fois.

La plupart des grands entrepreneurs partagent cette astuce car la gestion des mails est devenue chronophage et correspond à une perte de temps non négligeable pour la plupart des gens.

Les listes de tâches

J'applique la même règle que pour mes mails : le professionnel et le personnel sont séparés.

Il m'a paru évident que pour gérer toute la charge de travail que j'avais à abattre, il me fallait une application dédiée.

J'ai testé plusieurs applications, mais celle qui m'a convaincu est Microsoft To do. Elle combine toutes mes attentes : création de dossiers de listes, affichage par priorité ou échéance, travail collaboratif possible… la Ferrari des applications de tâches.

Je suis respectueusement les conseils prodigués par le Dr Michael Breus et je réalise les tâches difficiles durant mon pic de productivité, c'est-à-dire en fin de matinée – étant donné que je suis un chronotype Ours[1] selon la théorie de Michael Breus.

J'ai testé en parallèle l'outil Trello, plébiscité dans de nombreuses entreprises pour la gestion de projet et notamment en équipe. C'est une application qui m'a permis d'avoir une vision à moyen et long termes de mes stratégies entrepreneuriales, ce que je n'avais pas dans Microsoft To do. Mais j'ai réalisé assez vite que trop d'outils ne permettent pas de travailler correctement. J'ai donc abandonné son utilisation tout en espérant pouvoir y revenir un jour.

Une autre astuce que j'ai empruntée à David Allen dans son livre *Getting things done* est de classer ses listes de tâches en respectant la matrice d'Eisenhower.

Matrice d'Eisenhower

Cette méthode de productivité est basée sur l'analyse des tâches en fonction de leur urgence ou de leur importance. On détermine donc la priorité dans le temps ou dans la valeur ajoutée

1 www.youtube.com/watch?v=cYnp6dYNa1I

de cette action. Elle aurait été inspirée d'une citation de Dwight D. Eisenhower, 34e président des États-Unis d'Amérique, qui aurait déclaré : « Ce qui est important est rarement urgent et ce qui est urgent rarement important ».
On classe donc en 4 catégories les tâches :

1. URGENT & IMPORTANT : à réaliser immédiatement soi-même.
2. IMPORTANT & PEU URGENT : à planifier et exécuter soi-même.
3. URGENT & PEU IMPORTANT : à déléguer.
4. PEU IMPORTANT & PEU URGENT : à abandonner.

Une autre possibilité de classement des actions est de les trier par nature. Par exemple, tous les appels téléphoniques à passer listés ensemble, les recherches Internet à effectuer, ou encore les mails à envoyer. Cela permet, lorsque vous avez le nez dans un logiciel, de réaliser tout ce que vous devez faire avec lui en une seule fois.

Quand on s'intéresse au sujet de l'optimisation de son temps, la technique Pomodoro fait aussi ses preuves. Cette méthode prévoit la planification de ses tâches à l'intérieur de cycles de 25 minutes, entrecoupés de pauses.

La technique Pomodoro

La technique Pomodoro, imaginée par Francesco Cirillo, est une technique de gestion du temps destinée à supprimer les interruptions personnelles ou extérieures. En respectant des cycles de 25 minutes sur une même tâche, entrecoupés de pauses de 5 minutes, on s'assure un niveau de concentration plus important. À la fin de 4 cycles, une pause plus longue de 20 minutes est accordée. Cette méthode est censée favoriser l'agilité intellectuelle et la consolidation de la mémoire.

Et pour toutes les tâches chronophages que vous ne pouvez pas déléguer, il reste l'automation : technique d'automatisation qui, par le biais d'un logiciel, fait le travail à votre place. Par exemple, on peut programmer le fait que mon nouvel article sur le blog soit diffusé sur toutes mes pages de réseaux sociaux, ou qu'un rendez-vous créé dans le logiciel Acuity[1] crée un événement dans mon calendrier. Des applications comme Zapier vous proposent ce genre de choses, et de manière plus spécialisée sur les réseaux sociaux Buffer ou Later.

Les rendez-vous

Il paraît assez logique d'utiliser un calendrier pour cela… Et je ne vais pas vous contredire. Pour autant, dans mon cas, j'ai besoin d'avoir une vue d'ensemble de mes contraintes familiales pour pouvoir planifier mon travail.

J'utilise donc le même logiciel pour les deux, en fonctionnant avec des calendriers de couleurs différentes pour repérer visuellement mes différentes thématiques de

1 Application de prise de rendez-vous en ligne.

rendez-vous : le personnel en jaune, la formation en vert et le traiteur en orange.

Je précise que je n'inscris dans mon calendrier que les rendez-vous qui ont une date et une heure. Il m'arrive malgré tout parfois d'y noter une tâche à réaliser pour me bloquer des plages horaires indispensables pour pouvoir les réaliser, notamment quand elles sont urgentes ou longues. Pour l'écriture de ce livre par exemple, j'ai planifié dans mon agenda des demi-journées ou des journées entières dédiées à sa rédaction, comme si c'étaient des rendez-vous. Vous pouvez de cette même manière vous réserver des plages pour prendre soin de vous.

Une autre application m'a aussi fait gagner beaucoup de temps : Acuity. Elle est intégrée à mon site Internet pour que les clients puissent prendre directement rendez-vous et payer en ligne. Lorsque j'ai besoin de communiquer mes disponibilités, il me suffit d'envoyer un lien URL pour que l'on puisse voir les créneaux horaires libres sur mon calendrier.

La plupart de ces techniques sont exploitables par tout un chacun. Elles demandent une rigueur au démarrage, car changer ses habitudes n'est pas chose aisée. Toutes les méthodes ne vous conviendront pas, à vous de sélectionner celles qui correspondent le mieux à votre manière de travailler.

5

SAVOURER LES PREMIÈRES VICTOIRES //

« Les hauts sommets sont plutôt déserts. Plus c'est difficile, moins il y a de concurrence. »

Tim FERRISS

La satisfaction du premier client

Pour une personne qui démarre une activité indépendante pour la première fois de sa vie, gagner de l'argent est l'objectif principal pour pouvoir en vivre, et trouver son premier client est la première marche à franchir. Lorsque la prospection n'est pas votre spécialité, savoir se vendre peut paraître compliqué. Il faut donc trouver des alternatives pour apprendre à le faire ou compenser sur le plan commercial.

Trouver son premier client peut dans la plupart des cas être délégué : soit en faisant appel à un spécialiste que l'on nomme aujourd'hui « Business Developer », soit en s'inscrivant sur des sites de start-up, jouant le rôle d'apporteur d'affaires. Malt, Comet et la Crème de la crème sont les premières plateformes sur lesquelles je me suis inscrite.

Certaines d'entre elles sont très spécialisées, il faut donc vérifier si elles correspondent à vos activités.

La diffusion de services via des canaux classiques tels qu'un site Internet, des publicités Google ou Facebook ou le bon vieux prospectus distribué au bon endroit au bon moment peuvent être aussi utilisés pour se faire connaître. On peut par ailleurs faire marcher son réseau en partageant son offre via les réseaux sociaux.

Il n'est pas nécessaire d'avoir un produit totalement abouti pour se lancer la première fois. Tester son activité en expérimentant un produit qui n'est pas défini dans les moindres détails permet de le modifier avec les retours clients, et de coller au plus près de la demande.

C'est ce que j'ai vécu au démarrage de C plus Claire. Samia m'avait connue par le biais d'un de mes réseaux. Et ce premier rendez-vous était un bon test pour valider mon idée de convier mes clients habitant en banlieue dans des espaces de coworking afin de réaliser notre session de formation. Samia n'y vit aucune objection, et était même plutôt emballée de travailler dans un contexte novateur qui change : ma solution était validée. Nous allions donc nous rencontrer pendant deux heures afin de répondre à ses multiples questions. Samia m'a fait réaliser que pour les clients qui savaient ce qu'ils voulaient, les objectifs pédagogiques seraient faciles à déterminer. Mais pour les autres ?

Il me fallait donc créer des supports de formation qui allaient inspirer des sujets à aborder.

Les débuts sont souvent balbutiants : on se teste, on voit si l'offre correspond à la demande. Au final, ce qui compte, c'est de passer à l'acte car rien ne vaut la mise en pratique de son idée ou de son concept. On voit ce qui fonctionne et ce qui reste à améliorer. Les clients peuvent même suggérer les modifications en exprimant leurs besoins. Tout ce que l'on tire de ce premier essai est forcément bénéfique.

MVP / Lean start-up

Le concept du *Minimum Viable Product*, popularisé par Eric Ries, propose la mise en vente sur le marché d'un produit test, non abouti, et qui évoluera dans le temps d'après les avis clients. Cette méthode est très exploitée dans le secteur informatique (développement d'applications), et très appréciée dans l'univers des start-ups.

La question de la fidélisation se pose aussi assez vite, car voir un client une seule fois a relativement peu d'intérêt. Il faut donc trouver des solutions commerciales qui vont motiver vos clients à revenir régulièrement, ou à s'abonner à vos services ou produits.

C'est le choix que j'ai fait en créant mes packs de formation et mes abonnements réguliers, qui m'assurent de créer un vrai lien et une relation sur le long terme avec mes « élèves », et une rentrée financière récurrente.

Distribuer des cartes de visite sans complexe

La carte de visite est l'outil incontournable de communication et de réseautage dans le monde du travail. Elle prend une dimension différente lorsqu'il s'agit du lancement d'une entreprise car elle joue un rôle aussi important que le site Internet ou un prospectus. Elle doit donc arriver tôt dans les tâches à réaliser au démarrage d'une activité.

Philippe m'a appelée un jour de février. Il avait eu ma carte de visite par le biais de sa femme, dans mon salon de manucure. Il avait besoin d'aide pour mieux gérer ses photos sur son ordinateur et quelques soucis techniques à résoudre. C'est marrant, mais quand j'ai donné mes cartes à la propriétaire du salon, Maud, je ne m'attendais pas à ce que ses clientes la prennent pour d'autres personnes qu'elles. C'est la force du réseau et de la toile d'araignée.

La carte de visite est le premier support de communication et par ailleurs le plus facile à conserver. Les flyers sont la plupart du temps voués à finir à la poubelle alors qu'une carte, beaucoup de gens la conservent précieusement dans leur portefeuille, en attendant d'en avoir besoin.

Aujourd'hui, avec la numérisation de ces supports, ils peuvent aussi la photographier pour la conserver dans une application ou l'envoyer par message à quelqu'un.

Tout ça pour dire qu'il ne faut pas brider son utilisation. Imprimer des cartes a un coût, mais cet acte est rentabilisé avec l'obtention d'un seul client, alors pourquoi s'en priver ?

Une autre solution que je trouve intéressante pour les aficionados du numérique : la carte à télécharger dans votre signature de mail. En mettant un lien Google Drive de sa carte numérique, les personnes avec qui on échange par mail peuvent la télécharger au besoin.

La première question que l'on se pose lorsque l'on est slasheuse est : « Que dois-je mettre sur ma carte ? » Inscrit-on toutes ses casquettes sur la même ? Faut-il en concevoir plusieurs ?

À mes débuts, je trouvais cela étrange d'avoir une carte de visite sur laquelle mes deux activités étaient présentes – croyant que mes clients seraient généralement intéressés par une seule de mes professions. J'avais donc fait le choix d'en imprimer deux distinctes, une pour C Plus Claire et une pour Pluche. Je me baladais avec mon double stock de cartes sur moi et j'en distribuais deux lorsque je participais à des rencontres durant lesquelles je parlais de mes deux entreprises.

Je me suis rendu compte au fil du temps que cette particularité intriguait les personnes à qui j'en parlais et ne les braquait pas comme je le craignais. On peut penser qu'une double casquette renvoie une mauvaise image de son travail, alors qu'en réalité elle peut être le reflet d'une créativité et d'une forme de motivation.

En faisant connaître vos différentes activités par le biais de vos cartes de visite, vous allez ainsi potentiellement attirer des clients qui n'étaient pas venus vous voir pour cela au départ. Assumez donc cette singularité, en indiquant dans votre intitulé de poste tous vos métiers ou en créant une carte 2 en 1.

C'est ce que j'ai fait en imprimant mes cartes en recto verso – Pluche d'un côté, C plus Claire de l'autre.

La difficulté est de toujours en avoir sur soi. J'ai mis longtemps avant d'être opérationnelle sur le sujet…

L'astuce est de ne pas compter seulement sur votre unique porte-cartes mais de reconvertir toutes les petites boîtes ou pochettes qui pourront les contenir pour les mettre un peu partout dans vos sacs.

Et cela reste vrai même quand on est dans un cadre personnel : le cousin de la femme de Jean peut avoir besoin de vos services, il faut donc avoir une carte à donner à Jean pendant l'apéro chez Charlotte.

On se rend rapidement compte que nos propres croyances limitantes sont nos principaux freins. Ne préjugez pas trop vite de ce qui marche ou de ce qui est mal vu. Faites le test et tirez vos conclusions par les faits. Ce que nous pensons n'est pas toujours vérité générale. Le slash n'a rien de honteux, alors faites la promotion de ce mode de travail au travers de vos outils de communication.

Recevoir les premiers retours clients

On reçoit tous des mails nous demandant notre avis après une prestation de service ou l'achat d'un produit. Dans la position de client, il s'agit juste d'un mail de plus auquel on n'a pas forcément envie de répondre. De l'autre côté du rideau, les retours d'expérience peuvent permettre de gros changements d'organisation. Ils ne sont donc pas à négliger et peuvent permettre de rectifier des choses ou au contraire de valider une bonne expérience.

« Claire répond avec précision aux questions, explique d'une façon très accessible et est disponible et réactive. Je la recommande si vous souhaitez gagner du temps et de l'efficacité dans votre travail ! » À la lecture de ces phrases sur ma page Facebook de C plus Claire, j'ai réalisé ce que j'accomplissais depuis plusieurs mois. Je proposais un service qui n'aidait pas seulement des personnes dans leur quotidien mais avait un véritable impact dans leur vie professionnelle !

Au-delà de la reconnaissance et du plaisir de lire des avis clients positifs, la présence sur les réseaux sociaux est incontournable de nos jours. Elle peut même être une première étape avant la création d'un site, car elle vous permet de vous faire connaître via la communauté que vous créez. Cette « e-réputation » n'est pas à négliger, car elle peut aussi bien vous servir que vous nuire. Il faut donc en prendre soin en assurant un bon service après-vente et surtout une bonne relation avec vos clients.

À nouveau, un mail de Reviewrail[1], qui me transférait une réponse d'évaluation, me mit en joie : « Disponibilité, compétence et sympathie. Ainsi définirais-je les principales qualités de Claire lorsque vous faites appel à ses services pour une formation ou un bug. J'ai testé à plusieurs reprises et toujours avec le même niveau de satisfaction. » Comme mon premier avis sur Facebook, je ne pourrais vous décrire la joie que j'ai ressentie en lisant ces mots. Merci Philippe !

Cela fait déjà une bonne décennie que les entreprises demandent à leurs clients leur avis après un achat ou une prestation de services. Certains les considèrent avec sérieux, d'autres ne font que les intégrer dans un processus qui au final ne permet que le contrôle du travail de leurs employés. En tant qu'indépendant, ce retour permet une véritable prise de recul, difficile à faire seule. C'est un

---

1 Application d'évaluation en ligne de retour d'expérience client.

contrôle qualité régulier qui garde un œil sur les paramètres qu'on aurait tendance à négliger avec le temps.

Certains outils collectant l'opinion des clients ont par ailleurs l'avantage d'améliorer votre référencement naturel sur Internet. Il ne faut donc pas totalement éluder ce support lorsque vous avez un site.

Hormis le fait que les commentaires positifs des clients sont agréables à lire et donnent de la confiance, ils permettent d'avoir un contrôle qualité extérieur régulier, incontournable dans une démarche et une volonté d'amélioration permanentes. Ils peuvent vous être destinés rien qu'à vous ou être partagés selon votre convenance.

Ne vous en privez donc pas, ces outils n'ont que des avantages : faire progresser votre produit, augmenter votre visibilité sur Internet et rassurer vos futurs clients.

Déposer sa marque

Ce n'est pas forcément la chose à laquelle on pense en premier mais protéger son identité ou sa marque est primordial dans l'amorçage du projet. Comme on vérifie si le nom de domaine à utiliser pour son site Internet est disponible, il faut s'assurer que le nom de marque n'a pas déjà été déposé à l'INPI.

Institut national de la propriété industrielle (INPI)
L'Institut national de la propriété industrielle est un établissement public, sous la tutelle du ministère de l'Économie, de l'Industrie et du Numérique, qui a pour mission toutes les

questions en lien avec la propriété industrielle. Il gère aussi bien les dépôts et délivrances des titres de brevets, marques ou créations graphiques, que l'information du grand public sur le sujet. Il est aussi responsable de la centralisation du Registre national du commerce et des sociétés.

J'ai déjà connu la situation désagréable de me faire piquer mon nom de domaine et mon logo pour un blog de cuisine que j'avais créé en parallèle de mon travail – avant ma reconversion. Un passe-temps, vous allez dire, rien à voir avec le lancement d'une entreprise, oui mais qui m'a permis de comprendre que ces choses-là ont de l'importance.

On ne sait jamais ce qui peut arriver : si votre entreprise connaît un fort succès, vous serez peut-être amené à créer une franchise…

Il faut donc protéger son identité et cela passe par le dépôt de la marque auprès des services de l'INPI.

Commencez par faire des recherches sur leur site ainsi que sur Internet, afin de vérifier que le nom choisi n'est pas déjà utilisé par une autre entreprise ou marque.

Ensuite, tout se passe en ligne : il faut bien sélectionner les classes, c'est-à-dire les secteurs d'activité pour lesquels on souhaite que sa marque soit protégée.

Dans mon cas, c'est le secteur informatique et la formation pour C plus Claire et la restauration et services de livraison traiteur pour Pluche.

Le formulaire vous propose ensuite d'enregistrer logo, couleur ou police de caractères, et vient le moment de payer : pour ma part, deux cent dix euros pour le dépôt de chaque marque se trouvant dans deux classes.

Quand j'ai effectué cette démarche, j'ai senti que j'avais fait un pas vers la concrétisation de mes deux activités. C'était officiel, j'étais propriétaires de deux marques ! J'avais rempli leur acte de naissance à la mairie !

Certains néo-entrepreneurs mettent des mois avant d'accepter le fait qu'il est normal de passer par cette étape, et qu'il n'y a besoin d'aucune validation d'autrui pour avoir la légitimité de le faire. Il faut concevoir cet acte comme le fait de prendre une assurance professionnelle, c'est-à-dire une chose incontournable. Déposer sa marque lorsque l'on crée une entreprise n'est pas une option. Pensez avant tout à la protection de votre création. On ne sait jamais ce que l'avenir nous réserve. Qui sait, vous êtes peut-être sur le point de lancer une future société multimillionnaire à l'international !

6

SAVOIR GÉRER L'ÉCHEC //

« Je n'ai pas échoué des milliers de fois, j'ai réussi des milliers de tentatives qui n'ont pas fonctionné. »

Thomas EDISON

Lorsqu'on se lance dans un changement de vie aussi radical, nul ne prétend pouvoir le faire sans embûche. C'est d'ailleurs le fait d'accepter que tout ne va pas être rose qui aide à passer à l'acte. Mais on appréhende forcément ce moment où les choses ne vont pas se passer comme on l'avait prévu, et durant lequel l'obsession du contrôle devra laisser la place à la résilience.

C'est un sujet qui me tient particulièrement à cœur. J'ai l'impression de ne pas avoir connu cette notion avant la fin de mes études mais en réalité nous y sommes tous confrontés depuis notre plus tendre enfance, des premiers pas manqués aux déceptions dans la cour d'école.

Charles Pépin en parle très bien dans son livre *Les vertus de l'échec*[1]. Il nous révèle que si le problème est ancien,

[1] Allary Éditions, 2016.

peu de monde s'est penché sur le sujet – les philosophes de l'Antiquité eux-mêmes restant flous à ce propos. Alors, si même nos grands penseurs n'ont pas abordé ce thème, est-ce que c'est parce qu'il était déjà tabou à l'époque ?

L'échec pointé du doigt dès l'école

Le philosophe dit que la première erreur est de s'identifier à son échec alors qu'il n'est que le fruit de la rencontre entre notre projet et son environnement. On se sent humilié, minable, alors que le fait de ne pas réussir ne fait pas de nous un moins-que-rien.

Malheureusement, on apprend cela sur les bancs de l'école, lorsque ceux qui sont en « échec scolaire » sont pointés du doigt. Qu'est-ce que cela veut dire ? Que ces élèves ne valent rien ? Ou que l'école n'a pas su s'adapter pour faire en sorte que ces personnes réussissent ?

On organise du soutien pour les matières dans lesquelles les élèves sont faibles. Pourquoi ne pas au contraire leur faire faire plus d'heures sur les matières pour lesquelles ils ont un talent ?

« Ne jamais renforcer les points faibles. Toujours renforcer les points forts », disait Julien Gracq, professeur d'histoire-géographie qui refusa un prix Goncourt au cours de sa vie. Charles Pépin le cite dans son ouvrage afin d'illustrer le fait qu'il faut s'appuyer sur ses forces et non sur ses faiblesses, comme le ferait un sportif. On ne verra jamais un coureur s'exercer et passer tous ses entraînements à courir un marathon s'il est fort en sprint, ou un footballeur s'entraînait à tirer du pied droit si son pied fort est le gauche.

Alors, pourquoi pensons-nous comme cela à l'école ? L'humiliation est intrinsèque à l'échec dans ce contexte. Il est impossible d'être bon dans tous les domaines et c'est pour cela que l'on fait ensuite appel, dans le monde professionnel, à des experts, des personnes qualifiées dans leur domaine.

Pourquoi en est-il autrement pour ces enfants ?

Avoir un parcours sans faute

Le problème est que la société et l'école nous rabâchent tout au long de notre parcours un certain nombre de préceptes qui pour moi sont caducs : avoir les meilleurs résultats, passer un baccalauréat général – et S c'est mieux –, faire les études les plus longues possible, gagner le droit à une étiquette prestigieuse, pour enfin avoir un gros salaire.

Pourquoi ne propose-t-on pas dès le collège une découverte d'une multitude de métiers ? De l'artisanat au tertiaire, en passant par la fonction publique ou le privé. Présenter toutes les voies possibles sans jugement de valeur, et sans regarder le bulletin de notes afin de voir si l'élève a le niveau de ses prétentions.

À chaque changement de vie, la peur de l'échec remonte à la surface puisqu'échouer n'est pas admissible. En me lançant dans un projet entrepreneurial, je savais que j'allais devoir m'y confronter.

Un soir comme un autre, je rentrais d'un rendez-vous quand je vis sous la porte cette lettre de l'INPI. Elle m'indiquait qu'une grande entreprise, un géant de l'informatique, avait fait opposition à ma marque… Quel coup de massue ! Sur les conseils de plusieurs avocats, j'envoyai un mail à la partie adverse, leur faisant part des changements que j'allais opérer suite à leur opposition. Je n'eus aucun retour. J'étais en colère et je voulais en découdre devant les tribunaux. Cela allait me coûter du temps et beaucoup d'argent. Est-ce que cela valait la peine de se battre ? N'avais-je pas d'autres sujets à traiter plus urgents et prioritaires pour la pérennité de mon entreprise ? J'essayais donc de voir le verre à moitié plein : j'étais sur le point de lancer de nouvelles formations complètement différentes de mon cœur de métier qui avait inspiré ce nom. Il était peut-être temps de trouver une dénomination plus générique, en rapport avec la formation et un peu moins avec les produits et services que je représentais.

Mon interprétation de cet événement de manière positive était la preuve que j'avançais moi aussi de manière plus profonde. Il y a quelques années, j'aurais tout laissé tomber et j'aurais vu ce signal comme une fatalité. Ce soir-là, je n'allais pas m'arrêter à cela.

Le parcours sans fautes et sans obstacles n'existe pas. Échouer, serait-ce alors baisser les bras à la moindre contrariété ?

Définir les critères de la réussite

Alors, comment savoir si on choisit la bonne voie ?

Les diplômes sont-ils un symbole de réussite ?

Est-ce que le fait de faire un métier différent de sa formation initiale est un échec ?

Aujourd'hui, j'aimerais vous poser cette question : quel est votre critère de réussite dans la vie ?

Certains vous diront que la quantité de chiffres présents sur leur compte en banque est la représentation de leur réussite, ou le fait qu'ils soient propriétaires de leur maison, d'une belle voiture ou d'un bateau.

Plus naïvement, un enfant vous dirait qu'il veut aimer son métier, donc être heureux dans ce qu'il va faire pendant des dizaines de milliers d'heures dans sa vie. Je suis assez alignée avec cela. J'ai besoin d'une bonne raison pour me lever le matin et ne pas rechigner à retourner au travail le dimanche soir. J'ai pris le parti de ne pas avoir une exigence trop élevée pour mes revenus. J'ai eu la chance de m'apercevoir de cela quand j'ai pris un congé parental après la naissance de ma deuxième fille. J'étais passée en 4/5e et malgré une perte de revenus conséquente, cela m'a permis de me rendre compte que je pouvais vivre correctement avec moins. Alors, oui, il fallait faire attention, consommer moins et sortir aussi un peu moins souvent. Mais j'avais aussi plus de temps pour moi et pour ma famille.

« Si tu as les meilleurs résultats, tu pourras faire ce que tu veux dans la vie » : c'est ce qu'on a cessé de me répéter pendant toute mon enfance.

Aujourd'hui, alors que je regarde en arrière en me demandant si j'aurais pu apprécier différemment l'enseignement, je me rends compte que je n'ai aucun regret sur mon parcours ou les études que j'ai menées. Je n'ai pas réellement exercé le métier de graphiste pour lequel j'avais si durement travaillé, mais les compétences que j'ai acquises tout au long de ces années m'ont servie. Apple m'a recrutée parce que j'étais graphiste. J'ai créé l'identité visuelle de mes deux entreprises moi-même ainsi que mes sites Internet. C'est une force, un bagage que j'ai et qui me permet d'avoir un œil averti sur ces sujets. Alors, dois-je penser que j'ai échoué ? Je ne le crois pas.

Le fait d'avoir dû changer de nom pour C plus Claire ou de cible pour Pluche pourraient passer pour des échecs aux yeux de certains. Je les considère comme des étapes incontournables dans la vie d'une entreprise, qui connaît des aléas et des changements de direction. Elles ont été des opportunités pour avancer sur des sentiers que je n'avais pas envisagés et qui ont enrichi cette expérience. Elles ont été sources de beaucoup de stress et de remise en question, mais n'est-ce pas notre lot en tant qu'êtres humains en quête d'un perpétuel mouvement ?

J'ai trébuché en effet, mais ce n'étaient que des branches d'arbre sur ma route. Il y en aurait d'autres, et ma manière de gérer la situation allait être déterminante pour ma faculté à continuer et à incarner ce que je voulais être : une entrepreneure.

Je me suis donc relevée, j'ai essuyé mes larmes et j'ai calmé ma colère pour pouvoir réfléchir à nouveau et trouver un nouveau nom et une nouvelle orientation.

Définir ses propres critères de réussite et ne pas se conformer à ce que la société attend de nous, est-ce que ce ne serait pas ça, la clé du bonheur ?

Si on s'intéresse à l'origine des mots échec et échouer, on comprend mieux pourquoi cette notion est si mal comprise par tout un chacun. L'échec vient de la locution arabo-persane utilisée au jeu d'échecs « shâh mat », qui signifie « le roi est mort ». Échouer est un terme de navigation qui peut se traduire par « toucher le fond accidentellement ».

Si on se base sur leur étymologie, on peut faire cette interprétation que tant que l'on n'est pas mort, le jeu continue et surtout que si l'on échoue c'est aussi pour des raisons extérieures dont nous ne sommes pas responsables. La responsabilité que nous devons porter dans ce cas, ne serait-elle donc pas de prévenir, c'est-à-dire d'envisager les obstacles à franchir pour mieux les accepter ? Et par la suite de guérir en trouvant les solutions ?

CONCLUSION

L'arrivée du mot slasheur dans le dictionnaire

Sortons les cotillons, ou est-ce tout simplement normal ?

Je pense que ce phénomène prend une telle ampleur dans sa revendication, dans un monde du travail en pleine révolution, qu'il était logique que la langue s'en mêle pour l'accepter à son tour.

Certains ne perçoivent pas ce que le slash a de nouveau. J'ai eu le débat un jour avec un homme d'une cinquantaine d'années, qui me disait que le « slash » n'était pas nouveau et qu'il existait depuis des dizaines d'années.

Si on le considère comme étant juste une accumulation d'activités, la concierge qui fait du ménage et des gardes d'enfants est une slasheuse. L'agriculteur qui produit ses fromages et son miel et les vend sur le marché est lui aussi un slasheur. Les personnes qui cumulent plusieurs jobs à temps partiel pour pouvoir finir les fins de mois sont aussi des slasheurs. Cependant, le phénomène a muté. Aujourd'hui, vous croisez des personnes comme moi qui le revendiquent haut et fort ! Et qui font le montage différemment avec des activités qui n'ont rien à voir les unes avec les autres. Je suis formatrice informatique et traiteur-cheffe à domicile, on ne peut pas dire que ces deux activités soient très liées…

Le message que je porte est celui de l'équilibre et de l'épanouissement professionnel.

J'ai l'habitude de dire aujourd'hui que l'un de mes métiers fait fonctionner mon cerveau droit et l'autre mon cerveau gauche, et j'y trouve une certaine harmonie. Je peux aussi dire que je l'envisage comme une activité qui me rémunère et l'autre qui est subventionnée. J'y trouve un plaisir intellectuel chez l'une et une démarche plus créative chez l'autre.

Je réalise encore aujourd'hui les nombreux freins qu'il me reste à franchir.

Je dois arrêter de me trouver des excuses pour Pluche et que j'avance réellement dans la définition de ce projet ; que je m'inscrive vite sur les plates-formes de chefs à domicile et que je rentre dans une phase de prospection sérieuse.

La peur nous colle à la peau toute notre vie et l'on ne peut lutter contre elle en permanence. C'est pourquoi il faut comprendre d'où vient cette peur pour la rationaliser.

Elle ne doit pas nous empêcher d'avancer.

Il en est de même pour la confiance en soi : on ne naît pas avec, elle s'acquiert. Et comme dit le proverbe, c'est en forgeant que l'on devient forgeron. Passez donc à l'action, l'une après l'autre, sans forcément bouleverser radicalement votre vie. Ne vous mettez pas en danger, ni vous ni votre famille, mais testez votre projet étape par étape.

Ma bonne résolution de moins m'éparpiller sur cette seconde année d'activité n'a pas été franchement respectée, j'ai préféré suivre mes envies. Comme je le dis souvent, je ne fais pas toutes ces choses par obligation ou par nécessité, mais parce que je le veux !

La création m'épanouit, quelle que soit sa forme. Alors pourquoi m'en priverais-je ? Par convenance ? Parce que cela renvoie l'image d'une fille qui se disperse et ne va pas au bout des choses ? Je n'ai jamais trop aimé la conformité, rentrer dans le moule ne fait pas partie de mes prérogatives, alors qu'importe.

N'écoutez pas trop les personnes autour de vous qui vous reprocheront d'avancer. Agir n'a jamais été un défaut, donc écoutez-vous. Et si vous avez vraiment la sensation de jouer au marsupilami, raccrochez-vous aux branches des méthodes de productivité et d'organisation, elles seront vos meilleurs soutiens pour vous recentrer.

Moi-même, je vais tâcher d'être plus attentive aux conseils que je vous ai donnés dans cet ouvrage : plus de temps pour ma formation, mieux communiquer et construire des sites à mon image, et surtout respecter mon organisation hebdomadaire pour ne plus sacrifier Pluche au profit de C plus Claire.

J'ai créé ces deux entités, elles doivent donc se respecter et ne pas se phagocyter.

Mais je ne suis qu'une femme, je ne suis pas Shiva ! Les périodes de priorisation d'une activité au détriment de l'autre sont normales, et je ne dois pas me juger ou me sentir incapable à cause de cela. Lutter donc contre le sentiment d'incapacité à mener de front tous ces projets et contre le sentiment d'imposture est mon lot quotidien. Mais je l'ai accepté pour au final être mieux dans mes baskets et me sentir épanouie.

Foutez-vous la paix ! comme le dit très justement le titre d'un livre[1]. Nous sommes des êtres humains avec des journées qui ne font que 24 heures. Votre envie de tout faire est positive, mais faites-le dans la mesure du raisonnable. Le respect de votre santé et de votre vie personnelle doit être protégé autant que votre enthousiasme professionnel doit être calmé. Si vous ne réalisez pas ce projet aujourd'hui, ce n'est pas grave, vous le ferez demain ou dans une semaine ou dans un mois. Dans tous les cas, il vous attendra.

Le bilan un an après

Un bilan est toujours nécessaire et regarder derrière soi n'est pas forcément une mauvaise chose. Cela ne signifie pas avoir des regrets mais tirer les leçons des événements positifs ou négatifs que l'on a vécus, afin de s'améliorer pour la suite.

Cette deuxième année d'activité indépendante et de slasheuse démarre avec les premières leçons des débuts ainsi que de nouveaux challenges à surmonter.

J'ai décidé de remettre à plat tout mon business plan pour Pluche. Mes premiers mois d'activité m'ont révélé que je ne partais pas dans la bonne direction. Enfin, pas

1 Fabrice Midal, *Foutez-vous la paix ! Et commencez à vivre*, Flammarion, 2017.

celle qui me convenait. Alors, plutôt que de continuer à faire une cuisine qui ne me plaît pas, j'ai préféré repartir de zéro, ou en réalité suivre une idée qui me trotte dans la tête depuis longtemps : monter un concept de design global et créer un projet de A à Z. Rapporté à mon secteur d'activité, c'est-à-dire des prestations de traiteur pour des entreprises, cela revient à dire qu'il s'agit de créer des événements et de s'occuper de tous leurs aspects. Je suis donc partie à la recherche de partenaires, représentants de tous les métiers de l'événementiel. Je veux une équipe pleine de talents de tous horizons. Du photographe à la fleuriste en passant par l'architecte scénographe. Ce que j'ai réussi à faire ! J'ai regroupé pas moins de dix merveilleux professionnels dans ce collectif, de métiers variés mais tous rassemblés et unis autour de valeurs communes dans le secteur de l'événementiel. Et ce groupe se nomme Beaumonde.

C'est une chose essentielle que vous devez retenir de ce livre : si vous sentez que vous partez dans une voie qui ne vous convient pas, ne vous entêtez pas ! Le respect de soi et de ses envies est une clé, il faut donc rester à l'écoute de votre intuition et vous faire confiance.

À la fin de cette première année, la solitude et la fatigue sont venues perturber un peu la partie. Pour ne pas me laisser abattre, j'ai eu envie de retrouver l'esprit de groupe qui avait été si bénéfique et porteur pendant mon coaching en reconversion.

J'ai donc proposé aux fondatrices de Switch Collective d'animer des formations et d'organiser des réunions de groupe autour de thématiques pour les anciens du programme Fais le bilan. J'ai été pendant plusieurs mois responsable de la communauté chez Switch Collective et en charge de la programmation des ateliers proposés après le programme.

Une casquette de plus !

Qui ne tente rien n'a rien ! Prenez des risques en faisant des propositions de partenariats, même si vous ne pensez pas avoir toutes les compétences requises pour la mission. Vous avez aussi le droit d'apprendre sur le tas ou de vous tromper. Vous allez voir que plus vous vous autorisez à avoir de grands projets, plus vous rêverez grand. C'est comme cela que vous réussirez à casser votre plafond de verre.

L'écriture de ce livre a été une réalisation incroyable de cette deuxième année. Un gros travail d'introspection nécessaire pour vous partager ma vision, et par le biais de ma petite expérience, mes sentiments et mes clés. Les différentes thématiques à aborder sont arrivées d'elles-mêmes assez naturellement. Il fallait ensuite noircir les pages ! Si on m'avait dit il y a deux ans que j'écrirais un livre un jour, je pense que j'aurais explosé de rire. La vie et les chemins à prendre sont tellement inattendus, il vous est donc interdit de vous interdire des rêves et de vous censurer. Certains sont effectivement difficiles d'accès, vous ne deviendrez pas astronaute du jour au lendemain. Mais laissez-vous l'opportunité d'emprunter des routes que vous n'auriez jamais envisagées.

C plus Claire a elle aussi grandi et varié les plaisirs. Mes formations individuelles fonctionnent plutôt bien et l'animation de mon atelier Productivité est maintenant proposé en entreprise.

J'ai également cherché des collaborations, notamment avec des coachs dont les formations pouvaient être complémentaires à mon sujet Productivité.

Je veux aussi créer une journée de développement personnel, destinée aux personnes en quête d'un mieux-vivre. Have a good day est donc une journée entière durant laquelle les participants pourront bénéficier d'un coaching pour gagner en confiance en soi, de mon atelier Productivité, d'une séance d'hypnothérapie, de conseils zéro déchet et d'une session de sport avec une love coach.

J'ai par ailleurs envie de développer mon offre on line pour toucher un public plus vaste et au-delà des limites parisiennes.

S'entourer de personnes qui ont les mêmes valeurs que vous est vraiment essentiel. Le fait d'avoir envie de travailler avec elles va ouvrir le champ des possibles et vous imaginerez des projets que vous n'auriez jamais envisagés sans ces rencontres. Alors entourez-vous bien et allez à la rencontre de nouvelles personnes le plus régulièrement possible ! La richesse de ces rendez-vous ne peut vous apporter que des bonnes choses.

Faites preuve d'audace

Ce qui n'est pas commun intrigue et rentre plus facilement dans les esprits.

C'est cette singularité qu'il faut à tout prix mettre en avant. Vous n'êtes plus monsieur ou madame tout-le-monde, mais bien la personne spécialisée dans tel secteur qui n'apportera pas la même plus-value que son voisin. Il faut donc la nourrir et la revendiquer haut et fort.

Si je dois donc vous dire une dernière chose, c'est : OSEZ !

Osez être vous, osez réaliser vos envies quelles que soient les normes que la société souhaite imposer. Vous êtes votre propre révolution. Le développement du travail freelance ou des slasheurs en sont la preuve : vous ne devez pas ressembler au monde du travail, c'est à lui de se conformer à vos nouveaux besoins et profils.

Vous êtes à l'initiative de votre route et si vous ne mettez pas un pied devant l'autre, personne ne le fera à votre place.

Prendre des risques, aussi difficile que ce soit, est votre seul pouvoir de sortir des sentiers battus, pour que la vie ressemble à une vie et non à une contrainte.

Que vous soyez mère, père, femme, homme, célibataire, en couple, diplômé ou autodidacte, qu'importe. Ce qui dicte le reste de votre vie, ce ne sont pas ces étiquettes, c'est votre capacité à les dépasser et à voir votre vie en grand. Autorisez-vous le bonheur et l'épanouissement dans le cadre que vous vous serez inventés, loin des diktats de la société.

Aujourd'hui, je ne considère pas avoir une vie de rêve, mais je ne rêve plus ma vie. J'agis.

Alors, vivez !

BOÎTE À OUTILS

Les sites ressources

Les organismes

bpifrance-creation.fr

www.entreprises.cci-paris-idf.fr/web/creation

www.autoentrepreneur.urssaf.fr/portail/accueil.html

www.economie.gouv.fr/entreprises/entreprise-choisir-statut-juridique

www.cma-paris.fr

Pôle emploi

www.emploi-store.fr

Comparaison salariat et micro-entreprise

bpifrance-creation.fr/encyclopedie/micro-entreprise-regime-auto-entrepreneur/comparaison-dautres-regimes/comparaison-0

Retraite

www.service-public.fr/professionnels-entreprises/vosdroits/F23369

Business Plan

www.creer-mon-business-plan.fr/actualites/comment-choisir-statut-juridique-entreprise.html

www.my-business-plan.fr/dossier-1-faire-un-business-plan

Les tests de personnalité

Le MBTI : pour définir son type de personnalité
https://www.16personalities.com/fr/test-de-personnalite

Le test Ayurveda : permet de vous éclairer sur vos déséquilibres

L'échelle de Clance : pour évaluer le syndrome de l'imposteur

L'ennéagramme : permet une cartographie des personnalités humaines. www.eclecticenergies.com/francais/enneagramme/test

Les interlocuteurs

Chambre des métiers et de l'artisanat : CMA
Chambre du commerce et de l'industrie : CCI
Pôle emploi
URSSAF
Services des impôts aux entreprises : SIE
CPAM ex-Service de sécurité des indépendants SSI (ex-RSI)

Les start-ups qui aident les AE ou créateurs d'entreprise

SHINE : néo-banque qui vous accompagne dans la gestion d'une auto-entreprise

LEGALSTART : entreprise qui vous aide à gérer vos besoins juridiques

QONTO : banque en ligne pour les professionnels

MALT : plateforme de mise en relation avec des clients entreprises

NOVAA : cabinet comptable spécialisé dans les entreprises individuelles

WEMIND : start-up proposant une protection sociale aux indépendants et un comité d'entreprise

Les outils informatiques

CANVA : pour créer de beaux visuels et communications attrayantes
ZAPIER : pour automatiser certaines tâches
LATER : pour programmer ses publications sur les réseaux sociaux
ZOOM : pour organiser des meetings ou conférences en ligne
TRELLO : pour la gestion de projet
SLACK : pour communiquer différemment avec son équipe et éviter les mails
EVERNOTE : pour répertorier ses scans ou recherches internet
TRIPMODE : pour gérer son partage de connexion
FOCUS : pour utiliser la méthode Pomodoro
MICROSOFT TO DO : pour gérer sa liste de tâches
BUFFER : pour programmer ses publications sur les réseaux sociaux
MAILCHIMP : pour créer des newsletters ou des *landing pages*
ACUITY : pour une prise de rendez-vous en ligne
QONTO : pour un compte en banque professionnel en ligne
SQUARESPACE : pour créer un site internet beau et responsive
QUICKBOOKS : pour gérer sa comptabilité en ligne
GOOGLE DRIVE : pour partager ses fichiers
DROPBOX : pour partager ses fichiers

Les podcasts recommandés

Vlan
Vécus
Change ma vie
Vieille Branche
Femme et ambitieuse

Commencer
Le tourbillon
Le bureau
De vraies vies
Supplément d'âme
Les équilibristes
Être soi
Burn-out
Le podcast du freelance
Le déclic
Young, wild and freelance

Les sites pour se former

Meet Up
My Mooc
YouTube
Google Ateliers Numériques : learndigital.withgoogle.com/ateliersnumeriques
Social Builder : socialbuilder.org
Facebook Blueprint
LinkedIn Learning : www.linkedin.com/learning/me
Open classroom
Skillshare

GLOSSAIRE

ACRE : Aide à la création ou à la reprise d'une entreprise
AIF : Aide individuelle à la formation
ARCE : Aide à la reprise ou à la création d'entreprise
ARE : Allocation de retour à l'emploi
CFE : Centre de formalités des entreprises
MICRO-ENTREPRISE : plus communément appelée auto-entreprise, est un type d'entreprise individuel bénéficiant d'un régime fiscal et social particulier.
MOOC : Massive Open Online Course
SASU : Société par actions simplifiée unipersonnelle, est une société avec un seul actionnaire.
VAE : Validation des acquis de l'expérience.

RÉFÉRENCES

Allen, David, *S'organiser pour réussir. La méthode Getting Things Done ou L'art de l'efficacité sans le stress*, Alisio, 2015.

Breus, Michael, *Quand ? Faites votre révolution chronobiologique et réalisez pleinement votre vie*, Belfond 2017.

Cudicio, Catherine, *50 exercices de PNL*, Eyrolles, 2015.

Covey, Stephen R., *Les 7 habitudes de ceux qui réalisent tout ce qu'ils entreprennent*, J'ai Lu, 2019.

Ferriss, Timothy, *La Semaine de 4 heures. Travaillez moins, gagnez plus et vivez mieux !*, Pearson, 2010.

Ferriss, Timothy, *Les Outils des géants. Leurs clés pour réussir*, Alisio, 2017.

Giodano, Raphaëlle, *Ta deuxième vie commence quand tu comprends que tu n'en as qu'une*, Eyrolles, 2015.

Ogier, Myriam, *Un cerveau droit au pays des cerveaux gauches*, Eyrolles, 2018.

Pépin, Charles, *Les Vertus de l'échec*, Allary Éditions, 2016.

Ries Eric, *Lean startup. Adoptez l'innovation continue*, Pearson, 2015.

Rose Clance, Pauline, *Le Complexe d'imposture. Ou Comment surmonter la peur qui mine votre sécurité*, Flammarion, 1992.

Sandberg, Sheryl, *Lean in. Women, work, and the will to lead*, WH Allen, 2015.

Servan-Schreiber, Florence, *3 kifs par jour*, Marabout, 2019.

Servan-Schreiber, Perla, *Ce que la vie m'a appris*, Flammarion, 2017.

Taret, Catherine, *Il n'est jamais trop tard pour éclore*, Flammarion, 2017.

Conférences TEDx

www.ted.com/talks/america_ferrera_my_identity_is_a_superpower_not_an_obstacle?language=fr#t-51821

www.ted.com/talks/roy_bahat_and_bryn_freedman_how_do_we_find_dignity_at_work?language=fr#t-30285

www.ted.com/talks/leticia_gasca_don_t_fail_fast_fail_mindfully?language=fr

www.ted.com/talks/angela_lee_duckworth_grit_the_power_of_passion_and_perseverance?language=fr

www.ted.com/talks/caroline_casey_looking_past_limits?language=fr

www.ted.com/talks/sheryl_sandberg_why_we_have_too_few_women_leaders?language=fr

REMERCIEMENTS

À mes filles, qui sont mes sources de motivation.

À mon conjoint, sans qui je ne me serais jamais lancée.

À mes parents, qui m'ont montré l'exemple en changeant de vie professionnelle à 40 ans passés et m'ont laissé toujours libre de choisir ma voie.

À mes agents qui ont cru en mon projet et m'ont soutenue pendant l'écriture de ce livre et la recherche d'une maison d'édition.

À toutes ces personnes qui ont croisé mon chemin et m'ont poussé à réaliser mes rêves.

Merci.

81748 – (I) – BOU 80° – SOF – LAA
Dépôt légal : février 2021

Imprimerie CHIRAT – 42540 Saint-Just-la-Pendue

Achevé d'imprimer en France